왜 사람들은 명품을 살까?

베블런이 들려주는 과시 소비 이야기

15
경제학자가 들려주는
경제 이야기

고전 속 경제,
교과서와 만나다

베블런이 들려주는
과시 소비 이야기

왜
사람들은
명품을 살까?

김현주 지음 · 윤병철 그림

㈜ 자음과모음

책머리에

지난 2008년 미국에서 시작된 금융 시장의 위기는 당장의 이익을 얻으려는 금융 기업의 욕심이 불러일으킨 비극이었습니다. 2004~2006년 사이에 집값이 치솟는 것을 경험한 미국인들은 너도나도 많은 대출을 얻어 집을 사기를 원했습니다. 금융 회사들은 신용 상태가 좋은(프라임, prime) 사람뿐 아니라 그에 못미치는(서브프라임, subprime) 사람에게도 마구 주택 대출(홈 모기지)을 해 주었습니다. 모기지 대출 상품의 이자가 다른 상품의 이자에 비해 훨씬 높았기 때문입니다. 높은 이자를 통해 막대한 이익을 챙기기 위해, 은행들은 주택 구입자가 빚을 갚을 능력이 있는지 고려하지 않고, 때로는 필요한 문서까지 위조해 가며 대출을 해 주었습니다. 모기지 대출 상품이 많이 팔릴수록 이자율은 높아졌는데 집값은 곤두박질쳤습니다. 무리한 대출을 받은 수많은 국민들이 빚더미에 앉은 채 헐값에 집을 내놓고 파산했습니다. 이에 따라 수많은 은행도 도산의 위험을 감수해야 했지요. 하지만 높은 이자를 톡톡히 챙긴 금융 기업가들은 이미 개인적으로 막대한 부를 축적한 뒤였고, 이들은 회사의 위기나 사회의 경제 위기에 대해 책임을 지지 않았습니다.

미국에서 이런 일들이 일어나는 동안 경제학자들은 무엇을 했을까요? 하버드나 예일 같은 유명 대학의 경제학 교수들은 2008년 금융 위기 직전까지도 "미국 경제에 아무런 문제가 없다"고 주장했습니다. 대출 상품이 무분별하게 만들어지고 팔려 나가는 것을 우려한 비주류 학자들의 우려에 대해 주류 경제학자들은 입을 모아 말했습니다.

"모든 것은 시장의 원리가 해결해 줄 것이다. 대출 상품에 대한 수요와 공급은 시장의 원리에 따라 결정되는 것일 뿐이다."

미국 국민들이 헐값에 집을 내놓고 길거리에 나앉을 위기가 닥쳤을 때에도, 주류 경제학자들의 처방은 시장의 원리가 작동할 때까지 기다리라는 것이었지요.

그런데 이 책의 주인공 소스타인 베블런이 살았던 19세기 후반의 미국에서도 비슷한 일들이 일어났습니다. 농업을 기반으로 했던 미국이라는 나라는 불과 이삼십 년 만에 놀랄 만한 대규모 공업 국가로 변화했어요. 그런데 공업을 주도했던 기업들은 공정한 경쟁을 통해 기업을 키우지 않았습니다. 각종 로비와 정치 자금 지원 등을 통해 공업에 대한 이권을 따냈고, 노동자들의 임금을 더욱 낮추기 위해 안간힘을 썼습니다. 미국은 공업국으로 성장하면서 농민들에게 부당한 희생을 강요했고, 농민들의 파산을 배경으로 석유, 철강, 그리고 철도 회사가 산업계를 지배했습니다. 기업들은 수단과 방법을 가리지 않고 부를 쌓아 갔지만 노동자와 농민, 대다수 국민들은 더욱 빈곤한 삶을 살아야 했습니다.

그럼에도 불구하고 경제학자들은 이러한 사회적 문제를 거론조차 하지 않았습니다. 21세기의 주류 경제학자들과 마찬가지의 말을 되풀이했습니다.

"자본가는 각자 자기 이익을 추구하는 데 몰두할 뿐이며 시장의 원리가 모든 것을 해결한다."

베블런의 눈에는 이런 현실이 너무도 이상했습니다. 그가 보기에 자본가들은 합리적이고 이성적으로 기업 활동을 하는 것이 아니라 개인의 부를 쌓기 위해 비이성적이고 야만적으로 행동하는 존재였습니다.

"자본가의 이익과 사회 전체 이익은 상관없다. 자본가들은 자신의 이익을 위해서는 오히려 산업 발전을 방해하기도 한다."

이렇게 주장했던 베블런은, 현대의 자본가는 원시 시대부터 지금까지 이어져 내려오는 특권층인 유한계급에 속한다고 주장합니다. 그리고 유한계급의 야만성을 분석하고, 그들이 퍼트린 과시 소비의 관습이 어떻게 현대 대중들의 관습으로 자리 잡아 왔는지도 차근차근 설명하지요.

그토록 많은 경제학자들이 베블런을 인정하지 않았음에도, 100년이 지난 오늘날 베블런의 이론은 다시 주목받고 있습니다. 베블런이 19세기 후반, 20세기 초에 발표했던 자본주의 시장 경제에 대한 분석과 전망이 오늘날 경제 상황과 끊임없이 연결되기 때문입니다.

베블런은 경제학을 현실과 동떨어진 독자적인 학문으로 연구하는 것에 반대했습니다. 역사적 현실, 정치 상황, 사회 문화적 제도와 연관된 것이 경제학인 만큼 사회에 대한 총체적인 눈을 통해 경제를 연구하려고 했지요. 그 때문에 베블런은 문화 인류학자가 설명하듯이 경제를 설명하고 제도를 설명하고 또 사람들의 심리를 설명한 연후에야 경제 활동을 분석합니다.

이토록 생각이 많고 괴짜로 불리었던 베블런의 경제 이론을 가능하면 쉽고 명쾌하게 여러분과 나누어 볼까 합니다.

김현주

경제 주체들은 모두 자신의 경제적 이익을 최우선으로 의사 결정을 한다. 특히 소비에서 이런 현상이 두드러지는데, 타인에게 자신의 부와 지위를 과시하기 위해 재화를 구입하기도 한다. 이렇게 재화를 구입하는 목적이 재화의 사용에 있는 것이 아니라, 그 재화를 바라보는 타인의 시선에서 만족을 얻거나 과시하기 위한 소비를 '과시 효과(베블런 효과)'라고 한다.

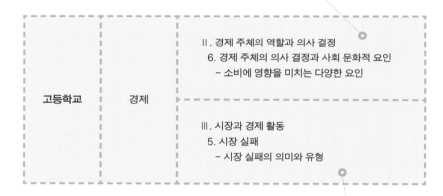

고등학교	경제	II. 경제 주체의 역할과 의사 결정 6. 경제 주체의 의사 결정과 사회 문화적 요인 – 소비에 영향을 미치는 다양한 요인
		III. 시장과 경제 활동 5. 시장 실패 – 시장 실패의 의미와 유형

시장의 역할은 자원을 필요한 곳으로 배분하는 것이다. 하지만 시장에서는 여러 이유로 인해 자원이 효율적으로 배분되지 못하는 경우가 생기는데, 이를 '시장 실패(market failure)'라고 한다. 이 중 시장의 불완전한 경쟁 때문에 자원이 효율적으로 분배되지 못하는 것을 불완전 경쟁의 시장 실패라고 부른다. 현실에서 불완전 경쟁이 일어나는 경우는 여러 가지가 있는데, 첫째 소수의 기업들이 독과점 시장을 형성하고 있는 경우, 둘째, 독과점 시장에서 기업들이 경쟁을 제한하거나 회피하는 불공정한 행위를 하는 경우, 마지막으로는 특정 기업이 우월한 지위를 이용하여 거래 상대방에게 불리한 거래를 강요하는 경우다. 이처럼 소수의 기업들이 기술 개발에 힘쓰는 대신 자신들의 이익을 지키는 데에만 급급하다면, 사회적으로 이득이 되지 않음은 물론 그로 인한 피해는 모두 소비자에게 돌아오게 된다.

	세계사	소스타인 번드 베블런	한국사
1857		위스콘신 출생	
1884		예일 대학교에서 철학 박사	갑신정변 우정국 설치
1891		코넬 대학교에서 정치 경제학 석사	
1892		시카고 대학교 경제학 강사	
1899		『유한계급론』 출간	경인선 개통
1900		『정치 경제학지』 책임 편집	
1904	러일 전쟁	『영리 기업의 이론』 출간	제1차 한일 의정서 체결
1906		스탠포드 대학교 부교수로 재직	
1911	신해혁명	미주리 대학교 경제학 강사	
1914	제1차 세계 대전	『제작 본능과 산업 기술의 실태』 출간	
1915		『독일 제국과 산업 혁명』 출간	
1917	러시아 혁명	『평화의 본질과 그 존속 기간에 대한 연구』 출간	
1918		워싱턴D.C. 식량국 근무, 뉴욕 문예·정치 잡지 『The dial』의 편집자	
1919	베르사유 조약 5·4 운동	『기득권인과 일반인』 출간	3·1 운동 임시 정부 수립
1920	국제 연맹 성립	뉴욕 사회 교육 학교 강사	김좌진, 청산리 대첩
1921		『기술자와 가격 체제』 출간	
1923		『부재 소유』 출간	
1926		강의 활동 은퇴	6·10 만세 운동
1929	대공황	캘리포니아에서 사망	광주 학생 항일 운동

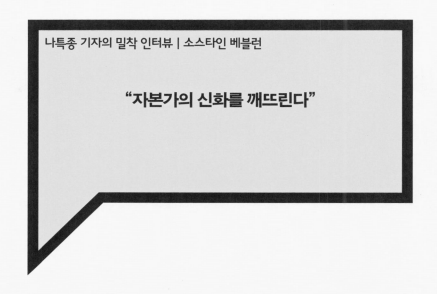

나특종 기자의 밀착 인터뷰 | 소스타인 베블런

"자본가의 신화를 깨뜨린다"

안녕하세요. 나특종 기자입니다. 오늘은 '과시 소비'라는 경제 용어를 유행시킨 주인공 소스타인 베블런 선생님을 만나 보겠습니다. 19세기 말 미국에서 활동했던 베블런 선생님은 당시에는 주요 경제학자로 인정받지 못했습니다. 하지만 21세기 현대 사회를 분석하는 데 필요한 여러 가지 방향을 제시했기에 오늘날 더욱 관심을 끄는 인물입니다. 수업에 앞서 선생님의 개인사와 활동하셨던 사회적 환경 등을 직접 들어 보겠습니다.

안녕하세요, 베블런 선생님. 먼저 선생님이 어떤 분인지 잘 모르는 학생들을 위해 간단한 소개를 부탁드립니다.

나는 19세기 후반부터 20세기 초까지 살았던 경제학자입니다.

1884년에 예일 대학교에서 철학 박사 학위를 받았지만, 내가 관심을 가진 분야는 경제학이었지요. 1891년에서 1892년까지 코넬 대학에서 정치 경제학을 전공했고, 이때부터 1906년까지 시카고 대학에 재직하면서 강의와 저술 활동을 했습니다. 이곳에서 『정치 경제학지』의 편집인으로 활동했습니다. 내가 세상에 널리 알려지게 된 계기는 『유한계급론』이라는 책을 통해서입니다. 이 책은 원시 사회부터 현대에 이르기까지 비생산적 특권 계급인 유한계급의 역사와 특성을 기술한 책이었습니다. 자신을 과시하기 위한 유한계급의 과시 소비와 과시적 여가에 대해 분석해 놓은 책이지요. 이 책이 발표되면서 나는 갑자기 대중적인 학자로 사랑받게 되었고, 학계에서도 인정받게 되었습니다. 그 후 나는 『영리 기업의 이론』, 『부재 소유』 등을 발표해 현대 자본을 분석하고 미래를 예견하는 학자라는 평가를 받기도 했지요.

『유한계급론』 외에도 많은 경제 이론서를 발표하셨군요. 그런데 경제학자들이 선생님을 '경제학의 이단아'라고 한다던데요. 그 이유는 무엇입니까?

내가 한참 학자로서 활동하던 20세기 초에 경제학계는 소위 '신고전파 경제학자'로 불리던 학자들이 주도했습니다. 이들은 애덤 스미스의 고전 경제학을 계승한 학자들로 마셜, 클라크 등이 속했습니다. 이들은 시장이 나름의 고유한 원리에 의해 움직이고 자본가의 이윤 활동이 결국 사회 전체에 이익이 된다고 주장했지요.

그런데 나는 이런 주류 경제학자들의 이론에 반대했습니다. 자본

가의 이윤 추구 활동은 사회에 이익이 되기는커녕 생산 발전을 저해하고 이기적인 이익만 추구한다고 주장했지요. 뿐만 아니라 현대 자본가들은 과거 유한계급과 마찬가지로 재력을 과시하기 위한 무모한 경쟁에 뛰어든 유한계급에 지나지 않는다고 주장했습니다. 내가 쓴 『유한계급론』에는 유한계급이라는 비생산적인 계급이 자신의 특별함을 과시하기 위해서 얼마나 낭비적인 과시 소비에 몰두하는지 잘 설명되어 있습니다. 여기서 상류층이 그토록 애지중지하는 예의범절 등이 단지 다른 계급과 구별되기 위한 가식적 행위에 불과하다는 것을 분석했지요.

결국 나는 사회 문화적으로 상류층을 비판하고 경제학적으로 그들이 사회에 이익이 되지 않는다는 것을 분석했습니다. 그러니 주류 경제학자들이 보기에는 정통이 아닌 이단일 수밖에 없겠지요. 당시 중심적인 경제 이론을 발표했던 그들의 눈에 나는 단지 트집 잡는 경제학자로 보였을 것입니다.

그렇군요. 주류 경제학자들과 기업가들의 눈총을 많이 받으셨겠네요. 그런데 선생님이 기업가를 비판하는 이론에 관심을 가지신 특별한 이유가 있으신가요?

그 특별한 이유란 아주 상식적인 것이었습니다. 내가 살고 있는 미국의 현실과 내가 성장했던 미국의 역사가 그런 생각을 하게 했습니다. 내가 살았던 미국의 현실은 신고전파 경제학자들의 주장과는 전혀 반대로 돌아가고 있었으니까요.

내가 자라던 미국의 19세기 말은 '미국의 호황 시대'로 불리었습니다. 불과 이삼십 년 만에 농업을 기반으로 했던 미국이라는 나라가 놀랄 만한 대규모 공업 국가로 변화했지요. 그런데 공업을 주도했던 기업들은 하나같이 노동자들에게 싼 임금을 지급했고, 정치인들과 결탁하기 위해 수많은 로비 자금을 쏟아부었습니다. 그 결과 시장에서 독점적인 위치를 차지하는 기업들이 많았지요. 더군다나 이 과정에서 미국의 농민들은 부당한 희생을 치러야 했습니다. 1890년에서 1894년에 걸쳐 캔자스 지방에서는 저당 잡혔던 1만 1000개 이상의 농장들이 마구잡이로 처분되

저당
부동산이나 동산을 채무의 담보로 잡거나 잡히는 것을 말합니다.

었습니다. 농민들의 파산을 배경으로 석유, 철강, 그리고 철도 회사가 산업계를 지배했고, 이런 회사들은 시장을 더욱더 독점해 갔습니다. 20세기 초에 이미 미국의 기업들은 자유로운 경쟁을 하는 기업들이 아니라 시장에서 막강한 힘을 과시하는 기업들이었지요. 하지만 농민, 노동자, 기술자 등의 다수의 미국인은 가난했습니다.

이러한 현실은 "기업가의 이익이 사회의 이익으로 이어진다"는 주장과 전혀 다른 것이었지요. 나는 경제학이 현실을 벗어나서 논의되는 것을 이해할 수 없었습니다. 현실을 분석하고 그로부터 현실과 연결된 경제학 이론을 제시해야 한다고 생각했지요.

그렇군요. 선생님의 개인적인 일들도 궁금합니다. 선생님의 부모님은 노르웨이가 고향이라고 알고 있는데요. 미국에 정착하기까지 힘든 일도 많으셨겠어요. 선생님의 성장기를 소개해 주시지요.

나는 1857년 미국 위스콘신 주의 한 농장에서 태어났습니다. 부모님인 토마스 안더스 베블런과 카리 분데 베블런은 내가 태어나기 10년 전에 노르웨이에서 미국으로 건너왔습니다. 부모님들은 노르웨이의 가난한 농부의 자녀들이었고, 새로운 삶을 위해 미국으로 건너왔지요. 부모님이 미국에서 정착하기란 쉬운 일이 아니었습니다. 토지 투기꾼들에게 당하고, 그다음에는 은행에 고리대 이자를 물어야했고, 엉터리 변호인들에게 당하는 등, 미국에 정착하려는 이민자들이 겪는 온갖 고통을 모두 겪으셨지요. 하지만 부모님들은 어려움을 모두 이겨 내고 오로지 근면함과 검소함으로 작은 농장을 마련할 수 있었습니다. 아버지는 고리대금업자, 변호사, 투기꾼 등 사기꾼 같은 미국인들로부터 가족과 이웃을 지켜 내기 위해 노르웨이 이민자들의 공동체를 구성해 이를 지켜 나가는 지도자 역할을 했습니다.

하지만 아버지는 다른 노르웨이 이민자들과는 다른 생각이 있었지요. 나와 형들을 농사꾼으로 만들지 않고 대학에 보내려 했던 것입니다. 이 공동체 안에서 아버지는 농장의 규모를 키워 가면서 차곡차곡 돈을 모았습니다. 그리고 아들들을 고등학교에 보내 주었습니다.

이렇게 해서 나는 17년 동안 내가 살아왔던 노르웨이 이민자들의 공동체를 떠나 칼턴 대학에 입학하게 됩니다. 17년 동안 영어를 거의 사용하지 않던 내가 어느 날 갑자기 미국 문화 속에 던져졌습니다.

대학 생활은 어떠셨나요?

나에게는 정말 맞지 않는 곳이었습니다. 칼턴 대학은 철저한 기독교 학교였고, 이성 교제조차 허용하지 않을 만큼 엄격했습니다. 철학과 종교적 교리를 주요 과목으로 배워야 했고, 영문학은 내내 배웠지만 미국사는 한 줄도 가르치지 않는 곳이었지요. 결국 대학에서 배운 것은 하나도 기억에 남는 것이 없고, 닥치는 대로 읽었던 수많은 책들을 통해 지식을 살찌웠던 시기지요.

하지만 그렇게 재미없기만 했던 것은 아닙니다. 나에게 잠재된 반항 기질을 유감없이 발휘한 때였으니까요. 금욕적인 생활을 강조하는 교수들에게 「축제 청원서」를 제출하고, 금주를 강조하는 교수와 학생들 앞에서 「술고래의 변명」이라는 글을 신나게 낭독해 유명 인사가 되었습니다. 모든 학생과 교수들이 내가 회개하기를 매일매일 간절히 기도했지요.

무엇보다 이 시절이 소중했던 까닭은 한 여인을 만나 사랑에 빠졌기 때문이지요. 그녀는 칼턴 대학 총장의 조카인 엘렌 롤프였습니다. 엘렌은 칼턴 대학에서 나의 엉뚱한 생각과 행동을 이해해 준 친구이자 연인이었지요. 그리고 더욱 신나는 것은, 수년 후에 나는 결국 엘렌과 결혼하게 되었다는 사실입니다.

선생님은 어떻게 경제학과 인연을 맺으셨나요?

내가 먼저 딴 학위는 철학 박사 학위입니다. 예일 대학에서 철학을 전공했지요. 내가 대학을 다니던 당시만 해도 철학은 여전히 신학의 범주를 벗어나지 못했지만, 내가 배웠던 윌리엄 그레이엄 섬너 선생은 그나마 과학과 진화론의 입장에서 종교를 분석하려는 사람이었어요. 섬너 선생의 노력으로 예일 대학은 신학 위주의 교과에서 과학적인 내용으로 개편될 수 있었습니다. 물론 내가 예일을 떠난 후의 일이지만요. 예일에서 학위를 받았지만 교수직을 얻기란 힘들었습니다. 나는 집으로 돌아가 형제들이 농장에서 일하는 동안 혼자 무위도식하며 많은 책을 읽어 갔습니다. 그리고 엘렌과 결혼도 하게 되었지요.

7년 동안의 방황 끝에 나는 코넬 대학에서 경제학을 전공하게 됩니다. 그리고 나의 능력을 인정해 주신 스승 로플린의 추천으로 시카고 대학에 교직을 얻게 되지요. 이곳에서 나는 철학에서 존 듀이, 사회학에서 윌리엄 토머스와 교류

존 듀이
실용주의와 도구주의를 확립한 미국의 철학자이자 교육학자입니다.

하며 많은 영향을 받게 됩니다. 이곳에서 『정치 경제학지』의 책임 편집을 맡게 되었고, 이를 계기로 많은 글을 쓰기 시작했습니다. 그리고 1899년 『유한계급론』을 발표하면서 학자로서 인정받게 되었지요.

오늘날 선생님의 과시 소비 이론이나 유한계급의 부재 소유론 같은 이론이 새롭게 관심을 받고 있는데 이에 대해 어떻게 생각하시나요?

뿌듯한 일이지요. 내가 경제 이론을 발표했을 때만 해도 금융 자본이 시장 경제를 지배할 것이라는 나의 주장은 쉽게 이해되기 어려웠습니다. 그런데 21세기에 들어서 금융 시장이 더 많은 관심의 대상이 되다 보니 과거 나의 이론에 사람들이 관심을 많이 기울이는 것 같습니다.

과시 소비에 대한 나의 의견은 경제학자뿐만 아니라 사회학자나 심리학자들의 연구 대상이 되어 이론적으로 더 많이 발전했다고 들었습니다. 상류층의 과시 소비에 대한 나의 이론을 사회 심리학적으로 발전시켜 『구별 짓기』라는 글을 발표한 부르디외(Pierre Bourdieu)나, 소비 행위가 하나의 사회 규범의 체계를 갖추게 되었다는 이론을 발표한 보드리야르(Jean Baudrillard)의 『소비 사회』가 대표적입니다. 이들의 이론은 오늘날 소비를 중심으로 한 사회가 갖는 문제점을 지적하고 있다는 점에서 나의 이론과 일맥상통하지요. 최근에는 내가 발표한 『부재 소유』와 연관지어 비클러와 닛잔이 현대 자본 권력을 연구

윌리엄 토머스
사람들은 객관적인 특징에 대하여 반응하는 것이 아니라 상황이 그들에게 가지는 의미에 대해 반응한다고 주장한 미국의 사회학자입니다.

부르디외
사회학을 '구조와 기능의 차원에서 기술하는 학문'으로 파악하였으며, 신자유주의자들을 비판하면서 범세계적인 지식인 연대의 필요성을 주장하였습니다.

보드리야르
프랑스의 철학자, 사회학자이며, 대중과 대중문화, 미디어와 소비 사회 이론으로 유명합니다. 현대 사회를 소비 사회로 지칭하면서 현대인은 생산된 물건의 기능을 따지지 않고 상품을 통하여 얻을 수 있는 위세와 권위, 곧 기호를 소비한다고 주장하였습니다.

해서 『권력 자본론』을 발표했더군요.

　나는 내가 살았던 시대의 범위에서 과시 소비와 유한계급론, 그리고 자본가의 부당한 소유에 관해 열심히 고민하고 이론을 발표했습니다. 그리고 이러한 이론을 연구할 때 가장 강조하고 싶었던 것은 바로, '경제란 독자적인 원칙이 있어 홀로 굴러가는 것이 아니라 사회, 정치, 문화와 연관되어 작동하는 것이다'라는 생각이었습니다. 이것이 경제의 독자적 원리를 주장했던 당시의 주류 경제학자들과 내가 가장 달랐던 점이지요.

　오늘날 나의 이러한 생각에 동의하는 많은 경제학자들이 내 뒤를 이어 경제를 정치, 사회, 문화와의 연관성 속에서 연구하고 발표하고 있다는 점은 나를 기쁘게 합니다. 인간의 총체적인 삶 속에서 경제를 이해해야 앞으로의 방향도 제시할 수 있을 테니까요.

　지금까지 인터뷰에 응해 주셔서 감사합니다.
　나특종 기자의 인터뷰는 여기까지입니다. 그럼 지금부터 수업을 통해 과시 소비에 관한 자세한 내용을 알아볼까요?

합리적으로 행동하지 않는 소비자

우리는 누구나 필요한 것을 소비합니다. 하지만 우리는 허기진 배를 채우기 위해서만 음식을 사고, 몸을 보호할 목적으로만 옷을 사지는 않습니다. 사고 싶은 소비자의 욕구는 실질적인 만족과는 다르기 때문입니다. 그렇다면 소비자가 물건을 사는 심리는 무엇에 의해 결정될까요? 지금부터 알아보도록 합시다.

수능과 유명 대학교의 논술 연계

2013년도 수능 6월 모의평가 17번

2006년도 수능 6월 모의평가 1번

비싸야 가치를 인정받는다

여러분은 '소비'가 무엇인지 잘 알고 있습니까? 물론 여러분은 잘 알고 있다고 대답하겠지요? 현대 자본주의 사회에서 소비를 하지 않고 살아갈 수 있는 사람은 없을 테니까요. 우리가 먹는 음식, 입는 옷, 학용품, 타고 다니는 차, 살고 있는 집 등등 살아가기 위해서는 일정한 돈을 지불하고 필요한 것을 구입하는 소비 행위를 해야 합니다. 그러니까 우리가 소비하는 이유는 '필요한 것이 있으니까'이겠지요.

물론 우리는 누구나 필요한 것을 소비합니다. 먹을 것이 필요하니까 음식을 사고, 추위를 피하거나 몸을 가릴 필요를 느끼니까 옷을 사 입지요. 하지만 우리는 허기진 배를 채우기 위해서만 음식을 사고, 몸을 보호할 목적으로만 옷을 사지는 않습니다. 만약 음식을 소비하는 목적이 허기진 배를 채우기 위해서라면, 친구와의 약속 장소에 가기 전에 유명한 맛집을 미리 검색할 필요도 없겠죠? 또, 유행하는 잠바를 사 달라고 부모님을 조르지도 않을 것입니다. 유명한 맛집에서 식사하고픈 욕구, 최신 유행의 잠바를 사고 싶은 욕구, 이런 소비 욕구는 '먹고 싶다', '몸을 보호하고 싶다'는 욕구와는 조금 다른 차원의 문제입니다.

이것에 대해 여러분은 이렇게 주장할 수도 있습니다.

'인간은 동물과 달리 개인적 취향이 있다. 단지 먹고 싶다는 본능을 충족하기 위해 먹는 것도 아니고, 몸을 보호하기 위해서만 의상을 구입하지도 않는다. 음식과 의상에 대한 개인적 취향이 다양하기 때문에 허기진 배를 채우는 방법도 다양하고 선호하는 의상도 다양하다. 그러니 자연히 자신의 취향에 맞게 소비 행위를 하는 것이다.'

하지만 나의 생각은 좀 다릅니다. 단지 개개인이 지닌 독특하고 다양한 취향에 따라 각자 소비 행위를 한다면, 지난 겨울 그토록 많은 한국 청소년들이 노스페이스 잠바를 원하지는 않았겠지요. 또 그토록 많은 세계의 여성들이 한결같이 루이뷔통 가방을 탐내지는 않을 것입니다. 뿐만 아니라 세계의 많은 남성들이 BMW나 벤츠 자동차를 꿈꾸지도 않겠죠.

자, 그렇다면 누구나 갖고 싶어 하는 노스페이스 잠바, 루이뷔통 핸드백, BMW 자동차의 공통점은 무엇일까요? 디자인이 훌륭하다고요? 기능이 탁월하다고요? 다른 상품과 확실히 차이가 나는 제품의 질 때문이라고요? 물론 제품의 질이 좋아야겠지요. 보통 회사원의 한 달 치 월급보다 비싼 명품 백이 쉽게 훼손되거나 변질된다면 큰일

이겠지요? 하지만 한 땀 한 땀 장인의 손길로 만든 명품 백이라도 그 기능과 질이 수백만 원대의 가치를 지닌다는 것은 좀 납득이 안 되는 일입니다.

　내가 생각하는 위의 상품의 공통점은 바로 '비싸다'는 것입니다. 질이 우수하기 때문에 비싼 것이 아니라 '비싸기 때문에 가치를 인정받는다'는 것이지요. 바로 비싸다는 공통점이 이들 상품을 누구나 탐내는 것으로 만든 것입니다.

신고전파 경제학자의 주장

여러분 중에는 "비싸야만 상품의 가치를 인정받는다"는 나의 주장이 터무니없다고 생각하는 사람들도 많을 것입니다. 내가 살았던 1920년대 미국에서도 많은 경제학자들이 나의 주장이 어이없다며 비웃었으니까요. 그들 중 대표적인 사람들이 '신고전파 경제학자'라고 알려져 있는 사람들입니다. 여러분이 잘 알고 있는 애덤 스미스의 '보이지 않는 손', '시장의 원리'를 고전으로 받들고 이를 바탕으로 새로운 이론을 보충했던 경제학자들이지요. 그들은 '상품의 가격은 수요와 공급을 조절하는 시장의 원리에 의해 결정된다'는 고전 경제학자들의 이론에 '효용'의 원리를 보충했습니다. 그런데 나는 "기업이 상품의 가격을 비싸게 책정할수록 소비자가 그 상품을 탐낸다"고 했으니 신고전파의 주장을 공격한 셈입니다.

> **효용**
> 인간의 욕망을 만족시키는 재화의 능력 또는 재화를 소비함으로써 얻는 개인의 주관적인 만족의 정도를 말합니다.

그렇다면 나와 생각이 달랐던 신고전파 경제학자의 가격에 대한 주장을 먼저 들어 보도록 하죠.

사람들이 재화를 소비하는 목적은 심리적 만족감을 얻는 것입니다. 그 심리적 만족을 '효용(utility)'이라고 말할 수 있습니다. 소비자는 이 효용이 커지는 방향으로 소비 행위를 합니다. 그런데 소비자는 같은 심리적 만족, 효용을 위해 여러 가지 재화를 선택하여 소비할 수 있습니다. 영희는 무더운 여름에 갈증을 해소하기 위해 아이스크림을 사 먹을 수도 있지만 슬러시를 사 먹을 수도 있습니다. 영희가 1리터의 아이스크림을 사서 먹는 것을 선택했다면 영희가 떠먹은 첫 숟갈의 아이스크림의 효용과 열 번째로 떠먹은 아이스크림의 효용이 같을 수는 없을 것입니다. 첫 번째 떠먹었을 때 녹으면서 목을 타고 넘어가는 아이스크림의 시원함과 달콤함이 주는 심리적 만족감은 반복되는 행위 속에서 조금씩 감소할 테니까요. 이렇듯 하나의 재화는 반복해서 소비할수록 '효용'이 떨어집니다.

이렇게 영희가 아이스크림을 먹을 때마다 얼마만큼의 추가적인 효용을 얻을 수 있느냐가 '한계 효용'이라 할 수 있습니다. 최초로 소비할 때보다 높은 효용을 갖지 못하므로 '한계적'입니다. 만약 아이스크림을 0.1리터씩 구매할 수 있다면 영희는 최대의 효용을 추구할 수 있습니다. 하지만 0.4리터를 구입했을 때 가격이 4000원이라 하면 0.4리터 중 마지막 0.1리터에서 얻는 한계 효용이 500원이라 할지라도 이것이 슬러시 0.4리터를 구입했을 때의 한계 효용보다 크다면 아이스크림 0.4리터를 구입할 것입니다.

이렇게 소비자들은 자신이 지불하는 비용과 자신이 얻을 수 있는 한계 효용을 비교하고 계산하여 재화를 선택합니다. 그 결과 우리는 중요한 시장의 원리를 발견할 수 있습니다. '수요의 법칙'입니다. '판매되는 양이 많을수록 한계 효용이 감소하므로 가격은 낮아져야 한다. 가격이 떨어지면 한계 효용이 높아져 수요가 증가하고, 가격이 상승하면 한계 효용이 낮아져 수요가 감소한다'는 법칙이지요. 그리고 이것이 가능한 것은 두 가지 이상의 상품이 지닌 한계 효용 가치를 비교할 수 있기 때문입니다. A라는 상품에 지출된 1만 원과 B라는 상품에 지출된 1만 원 중 어느 쪽이 더 큰 만족을 주는가를 끊임없이 비교하기 때문에 수요의 법칙이 성립할 수 있습니다.

교과서에는

재화의 가격이 높아지면 수요량은 감소하게 됩니다. 이처럼 가격과 수요량 간에 나타나는 역의 관계를 수요의 법칙이라 부릅니다.

이렇게 신고전파 경제학자들은 소비자가 상품에서 얻을 수 있는 한계 효용에 따라 수요가 결정되고 이것이 시장에서의 상품 가격에 영향을 준다고 봅니다.

남의 떡보다 내 떡이 더 커야 해

신고전파 경제학자들의 한계 효용론의 가장 큰 문제는 소비자의 소비 활동을 고립된 개개인의 활동으로 보고 있다는 점입니다. 한 개인이 정해진 소득으로 어떤 상품을 소비했을 때 가장 큰 효용을 얻을 것인가를 판단한다는 것이지요. 하지만 현실에서 소비자는 개별적인 판단을 하지 않습니다. 자신이 구매하는 상품의 가치를 혼자만의 만족도에 따라 판단하는 것이 아닙니다. 끊임없이 다른 소비자의 만족도와 비교하고, 그 비교한 결과가 자신의 만족도에도 지대한 영향을 미칩니다.

교과서에는

경제 주체들은 타인의 선택과 활동에 영향을 미치기도 합니다. 이를 소비의 네트워크 효과라고 합니다.

여러분이 청바지를 사려고 쇼핑을 한다고 생각해 보

세요. 백화점 유명 브랜드 매장에서 마네킹이 입고 있는 신상 청바지가 눈에 띕니다. 가격은 20만 원입니다. 백화점 건너편 할인 매장에 가면 유행은 지났지만 신축성도 좋고 질감도 우수한 유명 브랜드의 청바지를 30% 할인된 가격인 14만 원에 살 수 있습니다. 하지만 동대문 시장을 구석구석 뒤지면 유명 브랜드의 청바지와 비교해도 손색이 없는 소재와 디자인을 갖춘 청바지를 7만 원에 살 수 있습니다.

신고전파 경제학자의 주장대로라면 한계 효용을 따져 보았을 때 여러분이 선택해야 하는 청바지는 동대문표 청바지이겠지요. 동대문표 청바지의 가격에는 광고 마케팅 비용이 빠져 있고 품질도 떨어지지 않기 때문에, 세 가지 상품의 질과 가격을 비교했을 때 합리적인 선택은 동대문표입니다.

하지만 여러분은 부모님의 경제 사정이 허락한다면 백화점에 진열된 신상을 사고 싶을 것입니다. 우리가 청바지를 선택할 때 반드시 가격 대비 상품의 질이 주는 효용만을 따져 사는 것은 아니기 때문입니다. 많은 광고를 통해 알려진 브랜드의 청바지가 심리적 만족감을 더 크게 주기 때문이지요. 그 심리적 만족감이란 나 혼자의 판단에 의한 것이 아니라 다른 사람들의 소비 행위와 비교하면서 결정되는 것입니다. 가격이 다소 비싸더라도 좀 더 고급스러운 이미지의 청바지를 사고 싶은 소비자의 심리는 한계 효용 법칙으로는 설명되지 않습니다. 아무리 가격이 비싸도 어제 막 나온 최신 스마트폰을 구입하고 싶은 욕구도, 12개월 할부금을 다 치르지 않았음에도 새로 출시된 자동차를 사고 싶은 강렬한 욕구도, 한계 효용론은 설명해 주지 못합니다. 비싸도 그만한 가치를 갖는다면 기꺼이 사고 싶은 소비자의 욕구는, 실질적인 만족과는 다르게 다른 이들이 갖고 있는 것과 내가 갖고 있는 것의 비교를 통해 만들어지는 것이니까요.

이런 소비자의 심리를 잘 대변해 주는 것이 기업의 광고입니다.

"누구보다 앞서 간다", "당신만이 누릴 수 있는 특권", "당신을 말해 주는 아파트".

광고 문구들은 하나같이 말합니다.

'이 제품을 구입하는 당신은 평범한 사람이 아닙니다.'

제품의 기능이나 저렴한 가격을 강조하는 광고는 없습니다. 이 아파트에 살면 당신은 특별한 사람이고, 이 자동차를 타면 첫사랑과 우연히 만나도 부끄럽지 않은 성공한 이미지를 보여 줄 수 있고, 이 스마트폰을 사용하면 대한민국에서 몇 안 되는 가장 앞서 가는 스마트한 사람이고……. 한마디로 '다른 이들과 차별화된 당신'임을 강조합니다. 그 광고가 설득력이 있을 때 신제품의 가격은 아무리 비싸도 설득력을 갖게 됩니다.

기업들은 저마다 소비 심리를 이용해 더 높은 가격으로 소비자들의 구매를 유도합니다. 다른 회사와 비슷한 품질의 제품을 더 낮은 가격으로 판매하기 위해 노력하기보다는, 비슷한 품질의 제품일지라도 더욱 특별하게 차별화시켜 비싼 값에 판매하려고 노력하지요.

그렇다면 소비자들은 왜 기업의 광고에 쉽게 현혹되는 것일까요? 한마디로 소비자는 합리적으로 행동하지 않기 때문입니다. 소비자들은 한계 효용을 따져 가며 소비 행위를 하는 것이 아니라, 나의 특별함을 만족시켜 주는 소비 행위를 끊임없이 찾아다닙니다. 우리 부모님들은 소득이 허락하는 한 비싼 자동차를 구입하고 싶어 합니다. 성능이 좋은 자동차가 비싸기 때문이 아니라, 비싼 자동차가 나를 특별한 존재로 부각시켜 주기 때문입니다. 이런 소비 심리는 자동차 광고에서 흔히 발견할 수 있습니다. 자동차 광고는 차의 기능이나 안전성을 강조하지 않습니다. 10년 만에 만난 친구가 어떻게 지냈냐고 물었을 때 고급 자동차로 답한다는 광고를 기억하나요? 최고로 비싼 아파트가 아버지의 능력을 입증하고, 최신형 스마트폰이 나의 성격을 말해 준다는 광고 내용에 우리는 너무도 익숙해져 있습니다. 비싼 재화는 질이 좋기 때문에 갖고 싶은 것이 아니라 나의 능력을 과시할 수 있기 때문에 탐나는 것입니다.

그럼 이제 우리 안의 과시욕을 잘 보여 주는 이야기를 하나 살펴볼까요?

모파상 「목걸이」의 주인공, 마틸드

마틸드는 프랑스 하급 관리의 딸로 태어났습니다. 마틸드는 가난한 집안에서 태어났지만 아름다운 외모를 지니고 있어서 어린 시절부터 눈길을 끌었어요. 그녀는 아름다운 외모에 걸맞게 우아하고 기품 있는 여인으로 자랐지요.

마틸드가 아무리 귀족적인 아름다움을 지니고 있다 하더라도 결혼만큼은 아버지와 같은 신분의 하급 관리와 할 수밖에 없었습니다. 마틸드는 자신의 생활에 만족할 수 없었습니다. 거울 속의 자신을 볼 때마다 한숨이 나왔어요.

"아, 이토록 아름다운 내가 기껏 누추한 집에서 남편이나 돌보며 살아가야 하다니, 정말 불공평해."

그러던 어느 날 남편이 마틸드에게 무도회 초대장을 가져다주었습니다. 남편이 근무하는 교육부에서 주최하는 거대한 무도회였지요. 아내가 기뻐하는 모습을 보고 싶어 어렵게 초대장을 구해 온 남편은 마틸드를 위해 아름다운 드레스를 사 주기로 합니다. 그리고 마틸드는 부유한 친구 포레스티에 부인에게서 아름다운 목걸이를 빌립니다. 친구가 보여 준 목걸이 중 가장 마음에 드는, 다이아몬드가 박힌 화려하고 값비싸 보이는 목걸이였습니다. 새 드레스와 다이아몬드 목걸이를 하고 무도회에 간 마틸드는 자신에 대한 만족감으로 더욱 빛이 났습니다. 무도회에 참석한 모든 남성들의 시선을 한 몸에 받으며 춤추고 또 춤을 추었습니다. 마틸드 생애에서 가장 행복한 순간이었지요.

그런데 무도회가 끝나고 집으로 돌아온 마틸드에게 날벼락이 떨어졌습니다. 다이아몬드 목걸이가 사라진 것입니다. 온 거리를 헤매고 다녔지만 목걸이는 찾을 수 없었습니다. 결국 마틸드와 남편은 전 재산을 털고 고리대금 빚까지 냅니다. 그리고 같은 모양의 다이아몬드 목걸이를 구해 포레스티에 부인에게 돌려줍니다. 포레스티에 부인은 새로 산 목걸이라고는 생각지도 못하고 빌려 준 목걸이를 돌려받은 줄로만 알고 있습니다.

자그마치 4만 프랑이나 하는 목걸이를 사느라 마틸드 부부는 빚더미에 올라앉았습니다. 마틸드는 누추한 다락방으로 이사하고 비쩍 마를 정도로 열심히 일하며 빚을 갚습니다. 10년의 세월이 흐른 뒤에야 마틸드와 남편은 빚을 다 갚습니다. 그동안 마틸드의 아름다운 외모도 사라지고, 또래 사람들보다 10년은 더 늙은 여인으로 변해 버립니다.

그런데 어느 날 공원에서 우연히 포레스티에 부인을 만납니다. 포레스티에 부인은 몰라보게 변해 버린 마틸드를 보고 깜짝 놀라며 무슨 일이냐고 묻습니다. 마틸드는 이제 빚도 다 갚았기에 솔직하게 털어놓습니다.

"사실 그때 돌려준 목걸이는 똑같은 걸 새로 사서 준 거였어. 그 빚을 갚느라고 꼬박 10년이 걸렸어. 그 10년 동안 나와 남편은 제대로 쉬지도 먹지도 못했단다."

그런데 이게 무슨 일입니까? 포레스티에 부인은 어이없다는 표정으로 마틸드의 손을 꼭 잡더니 하늘이 무너지는 소리를 하는 것입니다.

"마틸드, 도대체 왜 그랬어? 내가 너한테 빌려 준 목걸이는 가짜였어. 고작 500프랑도 안 되는 모조품이었단 말이야."

마틸드는 그다음에 어떻게 됐을까요? 포레스티에 부인으로부터 진품 목걸이를 돌려받아 행복하게 살았을까요? 아니면, 10년 동안의 세월이 억울해서 울화증으로 입원했을까요?

그 뒤의 이야기는 아무도 모릅니다. 이 이야기는 이렇게 끝납니다. 바로 그 유명한 모파상의 「목걸이」라는 소설이지요.

가짜 목걸이인 줄도 모르고 10년의 세월을 고생 고생 했던 마틸드와 그 남편이 너무 불쌍하다고요? 처음부터 포레스티에 부인에게 사실을 털어놓았으면 이런 고생도 안 했을 텐데 미련하다고요? 아니면, 포레스티에 부인이 처음부터 가짜 목걸이라고 말하고 빌려주었더라면 이런 어처구니없는 일은 일어나지 않았을 거라고요?

불쌍하기도 하고 미련하기도 하지만, 더욱 아리송한 것은 '마틸드가 가짜 목걸이를 했다는 사실을 왜 아무도 몰랐을까?'입니다. 교육부 장관이 주최한 무도회에 참석한 그 수많은 사람들은 죄다 교양 있고 학식 있는 귀족적인 취향의 사람들이었다는데 말이지요. 더욱이 그날 무도회에서 가장 반짝반짝 눈부시게 빛났던 마틸드였기에 모든 사람이 마틸드를 유심히 보았다는데, 어찌 그리 감쪽같이 모를 수가 있었을까요?

마틸드는 그날따라 더욱 아름다웠을 겁니다. 왜냐하면 자신의 목에 진짜 다이아몬드 목걸이가 걸려 있다는 자신감 때문에 그녀는 더욱 빛나는 미소를 지을 수 있었을 테니까요. 만약 처음부터 포레스티에 부인이 가짜 목걸이라는 것을 말해 주었다면 그토록 자신감 있는 표정과 빛나는 미소를 지을 수는 없었을 겁니다. 그랬다면 사람들은 마틸드의 표정과 태도에서 목걸이가 짝퉁이라는 사실을 눈치챘겠지요.

진짜 다이아몬드와 가짜 다이아몬드는 사람들에게 이런 차이를 가져다줍니다. 눈으로 구별할 순 없지만 진짜를 한 사람과 가짜를 한 사람은 전혀 다른 심리를 지니고 있는 것입니다. 진짜 다이아몬드 목걸이를 했다고 생각했을 때 마틸드는 자신이 다이아몬드처럼 쉽게 만날 수 없는 고귀한 존재가 된 것처럼 자부심에 가득 차 있었습니다. 왜냐하면 진짜 다이아몬드 목걸이는 흔한 것이 아니라 이 세상에 몇 개 없는 희소한 것이니까요. 자신이 고귀한 존재라는 걸 목걸이가 상징적으로 알려 주고 있다고 느끼는 것입니다.

마틸드뿐만 아니라 보통 사람들에게도 다른 사람들이 쉽게 손에 넣지 못하는 특별한 것을 소유하고 싶은 욕구가 있습니다. 보석은 물론이고 의상도 자동차도 집도, 누구나 쉽게 손에 넣을 수 있는 것이 아닌, 나만이 가질 수 있는 것을 간절히 원합니다. 누구나 가질 수 없는 희소한 가치를 지닌 것을 갖기를 원하는 이유는, 그것을 소유한 자신을 다른 사람들이 부러워하기 때문입니다. 바로 이 부러움을 사기 위해 소비하는 것이 현대 사회의 '과시 소비'입니다.

> **과시 소비**
> 옷이나 구두, 가방처럼 외부에 잘 보이는 장식품의 특성을 가진 재화일수록 과시 소비적인 성격이 짙습니다.

현대의 과시 소비가 만든 명품

그렇다면 우리들은 왜 과시적인 소비를 중시하는 것일까요?

현대 사회는 모든 것들이 대량 생산되고 대량 소비되는 사회입니다. 오늘 출시된 스마트폰을 산 사람은 아직 사람들이 흔하게 갖지 못한 스마트폰을 샀다는 자부심을 가질 수 있습니다. 그 자부심을 얻기 위해 비싼 가격을 지불하고 신제품을 구입합니다. 하지만 6개월만 지나면 그때 샀던 스마트폰은 다시 새롭게 출시된 스마트폰에 밀려 가격은 낮아지고 더 이상 남들로부터 부러움을 사지도 못합니다. 이미 많은 사람들이 가지고 있는 제품일 뿐이지요. 유명 브랜드의 신제품 축구화를 비싼 가격에 사서 신고 운동장을 누비면서 친구들의 부러움을 만끽할 수 있습니다. 하지만 운동화가 닳기도 전에 친구들의 부러움을 샀던 그 운동화는 할인 매장에서 반값에 팔려 누구나 쉽게 손에 넣을 수 있는 운동화가 돼 버립니다.

마틸드가 원했던 다이아몬드는 언제 어디서나 출시되는 제품과 달리 누구나 가질 수 없는 희소한 보석이기에 값진 것으로 대우받습니다. 사람들은 능력이 허락한다면 공장에서 대량으로 생산되어 누구나 결국 가질 수 있는 평범한 상품이 아니라 누구도 쉽게 가질 수 없는 상품을 원합니다. 소수의 특권층만 가질 수 있는 옷, 구두, 핸드백, 노트, 만년필 같은 필구 도구까지, 간절히 원하게 됩니다. 그것이 바로 명품입니다. 지나치게 비싸서 일반인은 접근할 수 없는 상품이지요.

명품의 가격은 도대체 누가 어떤 근거로 정하는 걸까요? 명품의 비밀은 생산 과정의 특별함이나 원료의 특별함에 있는 것이 아닙니다. 단지 '비싸기 때문에' 가치를 인정받는 것이지요. 터무니없이 비싼 가격 때문에 아무나 접근할 수 없는 상품이 되고, 소수의 특권 계층만 소비할 수 있는 상품이기 때문에 그 가치를 인정받는 것입니다. 이렇게 명품은 상류층의 과시욕을 충족시켜 주는 수단으로 활용됩니다.

자본주의 사회 이전에는 신분에 따라 소비할 수 있는 재화가 정해져 있었습니다. 하녀 신분의 여인은 진주 귀고리를 할 수 없었고, 귀족 여인들만 코르셋을 착용할 수 있었습니다. 조선 사회에서도 거주하는 집의 형태, 착용하는 의상, 교육받는 장소, 이동 수단 등등 모든 것이 신분에 따라 다르게 소비되었지요. 하지만 현대 사회에서 재화에 대한 소비는 원칙적으로 규제가 없습니다. 그러다 보니 상류층은 자신의 지위와 권력을 과시할 방법을 터무니없이 비싼 가격에서 찾습니다. 특별한 상위 1%, 0.1%만 소비할 수 있는 집, 가구, 찻잔, 의상, 자동차…….

명품 소비는 부자들이 일반 사람들과 자신을 구별 짓는 행위인 것입니다. 이처럼 상류층이 자기 능력을 과시하는 소비를 '과시 소비'라고 합니다.

명품이 소수 특권층의 능력을 과시하는 수단임에도, 일반인들 역시 마틸드와 마찬가지로 끊임없이 명품에 눈독을 들입니다. 한 달 월급을 몽땅 털어 명품 핸드백을 구입하는 여성의 심리는 도대체 무엇일까요? 그녀 역시 소수 특권층만이 누리는 과시적 행위를 따라 하고 싶은 것입니다. 언제나 특별한 능력을 지녔음을 과시하기 위해 소비하는 상류층의 소비 행동을 매우 세련되고 수준 높은 행위인 것처럼 여기기 때문이지요. 상류층과 같은 상품을 손쉽게 구입할 능력이 없는 사람들조차 자신의 취향은 상류층의 것과 같다고 여깁니다. 그 취향을 실제로 향유할 재력이 부족할 뿐이라고 생각하지요. 소비하는 수준이 자신의 생활 수준을 보여 주는 사회에서 사람들은 누구나 더 값비싼 취향을 실현할 능력을 간절히 원합니다. 그래서 기업들은 다수의 대중을 향해 광고하면서도 기업의 상품이 소수의 특권층만 소비할 수 있는 고급 취향의 것임을 강조합니다. 대중의 소비 심리를 읽고 있기 때문이지요.

이처럼 소비자들은 효용성을 합리적으로 계산해서 소비하는 것이 아니라 자신의 소득이 허락하는 한 상류층의 소비 행위를 흉내 내기 위해 노력합니다. 즉 '과시적 소비'를 흉내 내고 싶어 합니다. 때문에 값싼 제품에 눈길을 주기보다는 값비싼 상품에 먼저 관심을 갖게 됩니다.

이제 '비싸야 더 잘 팔린다'는 저의 주장을 이해하셨나요? 내가 죽은 후 비싼 상품에 더욱 현혹되는 소비 심리를 '베블런 효과'라고 이름 지었더군요. 같은 질의 상품이라도 오히려 비싼 제품에 먼저 관심을 갖는 소비자들의 심리를 가리키는 말이지요. 베블런 효과는 다양한 소비 행태로 나타납니다. 가격이 비싼 것이 좋은 물건이라는 생각으로 비싼 상품만을 소비하려는 현상, 명품 소비가 어려운 사람들의 짝퉁 명품 소비의 증가, 세일을 하지 않는 유명 브랜드 상품의 꾸준한 판매 등은 베블런 효과에 따른 소비 행태라 할 수 있습니다.

가격은 어떻게 결정되는가

이제 소비 행위가 가격에 미치는 영향에 대해 신고전파 경제학자들의 주장이 잘못됐다는 나의 생각을 이해했나요? 그렇다면 실제 시장에서 가격이 어떻게 형성되는지에 대해 이야기해 볼까 합니다. 시장에서 가격을 결정하는 방법에 대해 가장 널리 알려진 이론은 애덤 스미스의 '보이지 않는 손' 이론입니다. 내가 공격하는 신고전파 경제학자들은 애덤 스미스의 이 이론을 적극 지지하고 있습니다. 그들의 생각을 먼저 들어 볼까요?

기업가의 목적은 이윤 추구입니다. 임금이나 상품의 가격에 대해 개별 기업가는 아무런 영향을 미치지 못합니다. 왜냐하면 상품 가격은 시장에서의 수요와 공급에 의해 결정되는 것이고, 임금 역시 노동력이라는 상품의 가격이 시장에서의 수요와 공급에 의해 결정되는 것이니까요. 따라서 기업가는 제한된 자본으로 최대의 이윤을 얻기 위해 노력해야 합니다. 기업가는 일정한 규모의 생산 설비를 가지고 이를 바탕으로 여기에 투입할 노동력을 조절하면서 이윤을 키워 가야 합니다. 기업가는 정해진 생산 설비에 많은 노동력을 투입할수록 더 많은 생산을 할 수 있습니다. 하지만 상품이 많아질수록 상품 가격은 낮아질 수 있기 때문에 무조건 생산을 많이 하는 것이 이익은 아닙니다. 시장에서 수요에 비해 공급이 많아지는 순간 상품 가격은 하락할 테니까요. 따라서 기업가가 이윤을 높이려면 가장 이익을 보는 지점까지만 노동자를 고용하면 됩니다.

　앞에서 설명한 대로, 소비자는 한계 효용을 계산하여 소비하고, 기업가는 노동력에 투자하는 한계 비용을 계산하여 생산하므로, 시장에서의 가격은 합리적으로 결정된다는 것이 신고전파의 주장입니다.
　하지만 이들의 주장처럼 시장이 합리적인 주체에 의해서 합리적으로 가격이 결정되는 곳일까요? 현실적인 시장은 전혀 그렇지 않다는 것이 내 생각입니다. 내가 생각하는 현실적인 시장은 이렇습니다.
　철이라는 사장이 아이스크림 회사를 차렸습니다. 그런데 때마침 아이스크림 시장이 개방되면서 값싼 수입 아이스크림이 시장에 대거 공급됩니다. 한마디로 아이스크림 시장에 아이스크림이 과다 공급된 것입니다. 수입산 아이스크림과의 가격 경쟁에서 도저히 이길 수 없었던 철이네 회사는 값싼 수입 아이스크림보다 더 싼 값에 아이스크림을 시장에 공급하게 됩니다. 철이네 회사만 그런 것이 아니라, 원래 아이스크림을 생산, 공급했던 국내 회사들도 너도나도 아이스크림 가격을 내리게 됩니다. 이렇게 아이스크림 가격은 하루하루 곤두박질치며 내려가 버립니다. 소비자는 싼 가격에 아이스크림을 사 먹게 돼서 좋아할까요? 아닙니다. 아이스크림값이 내려갔음에도, 소비자들은 그만큼 더 많은 아이스크림을 구입하지 않습니다. 게다가 가격 경쟁을 견디지 못해 수많은 아이스크림 회사가 문을 닫는다면, 결국 공급량이 부족해져서 가격은 반대로 치솟게 될 게 분명합니다.

철이네 회사가 위기에 빠진 원인을 신고전파 경제학자들에게 묻는다면 '수요량에 비해 공급량이 지나치게 많기 때문'이라고 답할 것입니다. 소비자의 상품 구입 의사와 구입 능력을 '수요'라고 합니다. 그렇다면 '수요량'은 '소비자들이 값을 치르고 구입할 의사와 능력이 있는 재화의 양'이라고 할 수 있겠죠? 반면 공급량은 판매자가 팔 의사와 능력이 있는 재화의 양입니다. 이렇게 아이스크림의 수요량에 비해 공급량이 지나치게 많을 경우 시장에서의 가격은 터무니없이 하락합니다. 이런 불균형 상태가 지속된다면 기업도 소비자도 결국 피해를 입게 됩니다.

그렇다면 이 문제를 어떻게 해결해야 할까요? 정부가 나서서 수입 개방을 취소해야 할까요? 아니면, 정부가 아이스크림에 대한 **수입 관세**를 대폭 올려 수입 아이스크림의 가격을 올릴 수밖에 없도록 만들어야 할까요? 아니면, 철이네 회사 같은 중소기업에 자금을 지원해 줘야 할까요? 아니면, 소비자에게 아이스크림을 많이 사 먹도록 캠페인을 해야 할까요?

수입 관세
발달하지 못한 국내 산업을 보호, 육성하며 국내 산업을 외국 산업과의 부당한 경쟁에서 방위하기 위해 수입품에 부과하는 관세를 뜻합니다.

신고전파의 주장은 그냥 시장을 내버려 두라는 것입니다. 시장은 보이지 않는 손에 이끌려 자동적으로 수요량과 공급량을 조절한다는 것이지요. 수요량보다 공급량이 많은 시장이 있다면, 반대로 수요량이 공급량을 앞지르는 시장도 있게 마련이고, 앞에서 말했듯이 한계 비용을 더 이상 감당할 수 없는 기업은 다른 시장으로 이동할 것이라고 말합니다. 아이스크림 회사가 생크림 회사로 바뀔 수도 있고 한국 시장에서 가격 경쟁에 밀린 외국 회사가 퇴출될 수도 있기에, 다소 시간이 걸리더라도 수요량과 공급량은 저절로 균형점을 찾게 된다는 것입니다. 이것이 바로 시장의 원리, 보이지 않는 손의 작동 방식입니다.

여러분이 생각하기에는 이들의 주장이 맞는 것 같습니까?

내 생각은 다릅니다. 저들은 현실 속 시장의 모습을 설명하기보다는 머릿속에 그리는 이상적인 시장의 모습을 설명하고 있을 뿐이니까요. 그들은 '소비자와 기업이 합리적으로 행동한다면 시장의 원리가 제대로 작동하여 균형 가격이 유지된다'는 거짓말을 하고 있습니다. 왜 거짓말이냐고요? 소비자도 기업도 합리적으로 행동하지 않을 뿐만 아니라 시장의 조절 원리라는 법칙은 한 번도 작동되지 않았기 때문이지요.

왜 그런지 이제부터 나의 생각을 설명해 보겠습니다.

완전 경쟁 시장보다 독점적인 시장이 더 많다

먼저 신고전파 경제학자들의 설명 속에 등장하는 시장은 '경쟁 시장'입니다. 시장은 특정한 재화와 서비스를 사고파는 사람들의 모임입니다. 경쟁 시장에서는 다수의 판매자가 비슷한 상품을 팔기 때문에 특정한 판매자가 가격을 마음대로 결정할 수 없습니다. 어떤 판매자가 시세보다 낮은 가격에 판매할 이유가 없을 뿐만 아니라, 다른 회사보다 더 비싼 가

> **경쟁 시장**
> 소비자와 판매자가 매우 많아서 개별 소비자나 개별 판매자가 영향을 미치지 못하는 시장입니다.

격에 판매한다면 소비자는 다른 회사의 아이스크림을 사게 되는 시장인 것입니다. 거래되는 재화의 질이 동일하고 소비자와 판매자의 수가 매우 많아서 각 소비자와 판매자는 그 누구도 시장 가격에 영향을 미칠 수 없는 시장이지요. 뿐만 아니라 시장에 누구나 공급자로 참여할 수 있는 개방된 시장입니다. 이런 시장을 '완전 경쟁 시장'이라고 합니다.

한국의 우유 시장은 '완전 경쟁 시장'에 가깝습니다. 수많은 소비자들이 우유를 소비하고 수많은 기업이 공급하고 있습니다. 서울우유, 덴마크우유, 연세우유, 건국우유, 매일우유, 남양우유, 파스퇴르우유, 롯데우유, 빙그레우유……. 우유의 가격도 큰 차이가 없습니다. '특별히 맛있는 우유', 'DHA가 첨가된 우유', '비타민이 강화된 우유',

'저지방 우유' 등 수많은 수식어가 붙어도, 소비자들은 우유의 질이 큰 차이가 없다고 생각하기 때문에 우유의 가격이 비싸지면 다른 회사의 우유를 선택합니다. 다시 말해 우유를 공급하는 특정한 회사가 시장 가격에 영향을 미치기 힘듭니다. 이렇듯 우유 시장은 수요량과 공급량의 적정선에서 가격이 형성될 수 있을 만큼 '완전 경쟁 시장'에 가깝습니다.

그런데 현실에서는 이런 '완전 경쟁 시장'이 많지 않습니다. 아니, 극히 드물다고 할 수 있지요. 완전 경쟁 시장의 첫 번째 조건은 수많은 기업이 시장에 진입 가능하고 자유롭게 경쟁하는 것입니다. 우리에게 익숙한 다른 시장들을 생각해 보세요. 핸드폰 시장, 컴퓨터 시장, 자동차 시장, 게임기 시장, 아파트 시장, 전자 제품 시장, 인터넷 케이블 TV 시장, 통신 시장, 교복 시장……. 이들 시장에 상품을 공급하는 다수의 기업들이 존재하나요? 우유 시장과 같이 수많은 기업이 존재한다고 볼 수 있습니까? 컴퓨터 시장을 생각해 보세요. 삼성컴퓨터, 삼보컴퓨터, LG컴퓨터, 많아야 다섯 개 정도의 기업이 컴퓨터 시장에서 상품을 공급하고 있습니다. 자동차 역시 국내 생산 업체는 몇개 되지 않습니다. 이렇듯 소수의 사업자가 압도적인 시장 점유율을 갖는 상태를 '독과점 시장'이라고 합니다. 내가 활동했던 미국의 경우 1980년만 해도 케이블 TV 시장에는 가족 소유의 작은 회사들 수천 개가 참여하고 있었습니다. 그러나 2002년 이후 세 개의 대형 회사가 시장의 2/3를 지배하게 되었지요. 그 결과 많은 회사들이 시장에서

퇴장해야 했고 소비자의 선택권은 줄어들었습니다. 이러한 현상은 한국과 미국 어느 나라에서도 흔히 볼 수 있습니다. 대부분의 상품 시장에서 독과점 시장이 형성된 것입니다.

완전 경쟁 시장의 두 번째 조건은 상품을 공급하는 기업이 수없이 많기 때문에 어느 기업도 가격에 영향을 미치지 못한다는 점입니다. 그런데 독과점 시장에서 가격 결정은 기업의 영향을 상당히 많이 받습니다. 소수의 기업들 간에는 경쟁도 존재하지만 협력도 가능하기 때문입니다. 기업들이 가격과 수량을 협의하여 결정하는 행위를 '담합'이라고 합니다. 안정적으로 시장을 점유하고 있는 업체들이 모여 가격을 협의, 결정하는 것이지요. 내가 활동했던 19세기 후반부터 미국에는 독점적인 기업들이 생겨났습니다. 당시 미국은 농업을 기반으로 하던 사회에서 공업 사회로 변화하면서 급속한 산업 성장이 이루어졌습니다. 하지만 각 산업 분야에서 신고전파 경제학자들의 주장과 같은 완전 경쟁 시장은 거의 없었습니다. 소수의 거대 기업들이 서로 협력하여 카르텔을 형성하고 담합을 통해 가격을 결정하는 일이 비일비재했습니다.

1980년 미국에서는 아메리카 항공의 임원이 브라니프 항공사의 임원에게 항공 요금을 20% 인상하자는 제안을 했던 통화 내용이 공개돼 기소당하는 사건이 있었지요. 법무부가 이를 발견하지 못했다면 같은 노선을 운행하는 두 항공사가 담합을 통해 항공료를 20%나 갑작스럽게 인상하는 일이 벌어졌을 겁니다. 몇 해 전 한국의 세제 회사들이 8년 동안 담합을 통해 가격을 결정했던 사건도 충격을 주었지요.

물론 모든 독과점 시장이 담합을 시도하는 것은 아니지만, 독과점 시장 내에서도 더 앞서 가는 기업이 가격 결정에 많은 영향을 미치는 것은 사실입니다. 특히 최첨단 기술 분야에서 소수 기업이 시장을 독점할 우려는 더욱 높아지고 있지요. 1998년 미국 정부가 마이크로소프트 사를 대상으로 제기한 독점 금지법 위반 소송은 독과점의 문제를 잘 드러내 주었습니다. 이 사건의 발단은 마이크로소프트 사의 '끼워 팔기'였지요. 마이크로소프트 사가 자사의 윈도 프로그램에 인터넷 브라우저 프로그램을 끼워 팔고자 하면서 미국 정부의 제제를 받게 된 사건입니다. 당시 미국 신제품 PC의 80%가 마이크로소프트 사의 윈도 프로그램을 사용하고 있었기 때문에, 미국 정부는 마이크로소프트 사가 상당한 시장 독점력을 가지고 있다고 판단했지요. 따라서 미국 정부는 마이크로소프트 사가 윈도 프로그램에 대한 시장 독점력을 이용해 인터넷 브라우저 시장에서의 지배력을 증가시키고 다른 경쟁사의 새로운 프로그램 공급을 방해한다고 주장했습니다. 하지만 마이크로소프트 사는 기존 제품에 새로운 기능을 추가하는 것은 기술의 진보라고 하면서, 윈도에 인터넷 기능이 추가되는 것을 자연스러운 과정이라고 주장했습니다. 이 사건은 오랜 기간의 재판과 공방 끝에 마이크로소프트 사의 입장이 받아들여지는 걸로 마무리되었지요.

문제는, 마이크로소프트 사뿐만 아니라 수많은 기업들이 기술의

진보를 위한 거대 기업의 시장 독점을 긍정적인 현상이라고 주장한
다는 점입니다. 한국도 마찬가지로 대기업의 시장에 대한 지배력이
나날이 커져 가는 가운데 신고전파 경제학자들이 주장했던 완전 경
쟁 시장은 사라져 가고 있습니다.

기업의 약탈 본능이 독과점 시장을 만든다

신고전파 경제학자들은 독과점 시장이 예외적인 시장일 뿐 완전 경

쟁 시장이 정상적인 시장이라고 주장합니다. 하지만 내 생각에는 기업의 속성상 시장이 소수 대기업에 의해 독점되는 현상은 당연한 결과입니다. 어느 기업가도 자기 이윤을 추구하는 과정에서 공정한 경쟁을 하지 않기 때문입니다. 기업들은 가능하면 시장에서 자신의 힘을 과시하고, 더 많은 이익을 얻기 위해 동원할 수 있는 모든 수단을 강구합니다.

먼저 시장에서의 기업 간 경쟁은 모든 기업이 같은 조건에서 시작할 수 없다는 한계가 있습니다. 전자 제품 시장에서 경쟁력을 가지게 된 A라는 기업이 있다고 상상해 보세요. A사는 전자 제품 시장에서 발생한 이익을 바탕으로 아파트 건설 시장에 참여할 수 있습니다. 이미 아파트 시장에서 경쟁하고 있던 중소 브랜드의 건설 회사들은 새롭게 건설 시장에 뛰어든 A사와의 경쟁에서 뒤지게 됩니다. A사는 이미 전자 제품 시장에서 확보한 이익을 토대로 중소기업보다 더 많은 자본과 좋은 이미지로 경쟁에 참여하게 되니까요. 어떤 기업이 한 시장에서의 경쟁에서 이기면, 이 기업은 보다 좋은 조건을 가지고 다른 시장에 참여하여 약한 경쟁 기업들을 시장에서 밀어냅니다. 이런 과정이 축적되다 보면 결국 주요 시장에는 강력한 자본을 기반으로 한 소수의 기업들만 남게 됩니다. 더욱이 이들 기업은 각종 특혜를 얻어 내기 위해 많은 자금을 로비 활동에 투자하기도 합니다.

이렇듯 기업은 상대의 약점을 공격해 시장에서 강력한 입지를 차지하기 위해 수단과 방법을 가리지 않는 속

로비 활동
입법·행정상 시책에 대해 기업, 산업계 등이 영향력을 미치려고 벌이는 활동을 말합니다. 외국에서는 공식적인 활동으로 인정받고 있지만 우리나라에서는 아직 잘 행해지고 있지 않습니다.

성을 가지고 있습니다. 이는 기업을 경영하는 기업가들이 지닌 '약탈 본능' 때문입니다. 약탈 본능은 합리적이고 공정한 경쟁을 통해 이익을 얻는 것이 아니라 편법과 불법을 저질러서라도 시장에서 최고가 되고자 하는 야만적인 본능입니다. 이 약탈 본능에 대해서는 네 번째 수업에서 더 자세히 설명하겠습니다. 여기서는, 약탈 본능에 따르는 기업가들이 시장에서 독점적인 위치를 차지하기 위해 노력하는 가운데, 시장에는 소수의 거대 기업이 남아 상품 가격을 결정하고 소비자의 심리를 좌지우지하는 상황이 발생한다는 것을 이해하면 되겠습니다.

자, 이렇게 해서 나는 여러분에게 한마디로 '시장은 합리적이지 않다'는 주장을 펼쳤습니다. 특히 앞서 설명한 소비자의 비합리적 행위로서 '과시 소비'를 설명했습니다. '과시 소비'란 소수 특권층이 다른 계층과 자신을 구별 짓기 위해 하는 소비 활동이지만 다른 계층 또한 따라 하는 소비 행위라고 말이지요.

그런데 과시 소비는 언제부터 어떻게 생겨났을까요? 많은 사람들이 과시 소비를 현대 산업 사회의 결과라고 보고 있습니다. 하지만 내 생각은 좀 다릅니다. 과시 소비는 인간이 공동생활을 영위하던 원시 사회부터 오랜 역사를 통해 진화해 온 행동 규범입니다. 특히 유한계급이라는 상류층 계급의 행동 규범이 사회 발전을 거쳐 다양한 양상으로 드러났고, 뿐만 아니라 모든 사회 구성원의 행동 규범으로 자리잡아 온 것입니다. 따라서 내가 앞에서 설명한 과시 소비를 이해하려면 원시 사회부터 오늘날까지 유한계급의 과시적 여가와 과시 소비의 규범이 어떻게 제도적으로 자리 잡고 진화해 왔는지 이해해야 하겠지요?

이 문제는 두 번째 수업에서 공부해 보도록 합시다.

나는 왜 루이뷔통을 불태웠는가?

2006년 9월 17일 저녁, 런던의 핀스베리 광장에서 닐 부어맨이라는 사내가 자신의 살림살이들을 잔뜩 쌓아 놓고 불태워 버리는 화형식을 거행했습니다. 이날 그가 태운 살림살이는 아르마니 실크 셔츠, 구찌 티셔츠, 루이뷔통 가방, 크리스찬 디올 코트, 이브 생 로랑 재킷, 피에르 가르뎅 가죽점퍼와 같은 명품 의류에서부터, 블랙베리 전화기, 소니 DVD 플레이어, 샤프 LCD 등의 고가 전자 제품까지, 돈으로 따지면 4만 3000파운드(약 7000만 원)가 넘는 재산이었습니다.

이 이상한 화형식을 구경하기 위해 300여 명의 구경꾼들이 모여들었습니다. BBC 방송국을 비롯한 언론 매체들도 이 사람의 희한한 이벤트를 취재하기 위해 몰려왔습니다.

"저는 브랜드 중독자입니다. 매일매일 광고를 보면서 호감이 가는 제품을 구입하며 살았습니다. 광고들이 말하듯 더 성공적이고 더 호감을 주고 좀 더 섹시한 사람이 될 수 있으려니 하면서 말입니다. 그런데 여러분이 보시다시피 저는 행복하지 못합니다. 브랜드는 결국 장식품에 불과합니다. 이런 물건들로 인해 영국 사람들만 해도 2000억 파운드(약 330조 원)의 빚을 지고 삽니다. 오늘 저는 브랜드 중독으로부터 영원히 해방될 것입니다. 그리고 내일부터 저는 백화점 밖에서 행복을 찾을 것입니다."

이 화형식을 거행한 닐 부어맨은 영국 런던에서 활동하는 작가이자 이벤트 프로모터였어요. 닐은 자신이 밝힌 대로 브랜드 마니아였습니다. 아주 어린 시절 친구들과 사귈 때부터 닐은 친구가 가지고 노는 장난감의 브랜드가 무엇인지를 따졌습니다. 어른이 되어 파티에 가서 사람을 만날 때에도 그 사람이 입고 온 청바지나 재킷 등이 어느 브랜드인지, 들고 있는 휴대 전화는 어느 브랜드인지 등으로 사람의 성격을 파악했습니다. 닐은 사람들이 착용하는 브랜드의 이미지가 그 사람의 취향과 성격을 말해 준다고 믿었던 거예요.

"그런데 어느 날 제가 속고 있다는 생각이 들었습니다. 그토록 많은 명품 브랜드에 둘러싸여 살면서도 그다지 행복하지 않았죠. 아무리 많은 브랜드 제품을 사들여도 만족할 수 없었거든요. 더 이상 집어넣을 공간이 없는데도 자꾸만 옷을 사는 내가 문득 이상하다는 생각이 들었습니다."

브랜드의 이미지를 조합해서 자신의 성격을 드러낼 수 있다고 믿었던 닐은 그것이 부질없는 짓이라는 걸 알게 됐습니다. 자신이 브랜드 중독에 걸린 걸 안 닐은, 브랜드 중독에서 벗어나기 위해 어마어마한 결단을 내립니다. 알코올 중독자가 집에 있는 모든 알코올을 없애 버리듯 브랜드 제품을 몽땅 불태워 버리고 다시 태어나기로 한 것입니다.

우리는 왜 부자가 되고 싶어 할까?

노동할 필요 없이 충분한 여가를 누리는 존재로서 비생
산적인 삶을 향유하는 소수의 특권층을 '유한계급'이라
부릅니다. 누가, 어떤 이유로 이런 유한계급의 한가로운
삶을 특권층의 삶으로 인정하고 그들을 우월한 계급으로
인정했을까요?

유한계급이 뭘까?

자, 이제 오늘날 우리의 소비 행위로 자리 잡은 과시 소비가 어떻게 발생했는지 그 기원을 살펴볼 시간입니다. 이를 이해하기 위해서 과시 소비의 주인공인 유한계급에 대해 자세히 살펴보도록 하겠습니다.

유한계급이란 한마디로 한가롭고 비생산적인 상류 계급을 뜻합니다. 이러한 유한계급을 가장 잘 보여 주는 사례가 유럽 중세 봉건제 사회의 귀족과 성직자입니다. 유럽 봉건 사회는 '싸우는 자, 기도하는 자, 일하는 자'로 이루어졌습니다. 교회의 성직자는 기도만 하는 집단이었고, 봉건 영주와 기사들은 영토를 넓히기 위한 싸움에 참가하는 싸우는 집단이었습니다. 다수의 농민들이 생산 활동을 하는 일하는 집단이었지요.

> **중세 봉건제**
> 토지를 매개로 주군과 가신 사이의 계약에 의해서 성립된 지배 계급 내의 주종 관계를 뜻합니다.

영주와 기사는 귀족 신분으로서, 성직자와 마찬가지로 어떠한 생산 활동에도 참여하지 않았습니다. 귀족은 전쟁 시기에는 싸우는 자들이지만, 일상 시기에는 화려한 연회와 오락, 스포츠에 가까운 사냥으로 여가를 즐기던 사람들입니다. 이들은 어떠한 생산 활동에도 직접 참여하지 않으면서도 농민들이 생산한 생산물에 대해 권리를 가지고 있었기에 화려한 여가를 즐길 수 있었습니다.

"일하지 않는 자는 먹지도 말라"고 했건만, 경작지에 씨앗 한 번 뿌린 적이 없는 귀족들은 너무도 당당하게 농민들이 수확한 농산물을 빼앗았습니다. 그리고 그 생산물을 금전으로 바꾸어 화려한 잔치를 열고 하인을 부리고 바다를 건너온 값비싼 향신료를 구입하고 한가롭게 여행을 다녔지요. 반면 농민들은 영주의 땅에서 일 년 내내 고된 노동을 하여 수확한 생산물 중 아주 적은 양만을 가지고 가난하게 살아가야 했습니다. 이러한 상반된 두 계급의 삶은 오늘날 생각해 보면 지극히 야만적인 시대의 불행이라고 생각할 수 있습니다. 일하는 자는 가난하게 살아야 하고, 일하지 않는 자는 낭비에 가까운 풍요를 누리는 상황이었으니까요.

하지만 유럽 봉건 시대의 귀족들이 다른 시대의 상류 계급에 비해 더 비양심적이거나 야만적인 속성을 지녔던 것은 아닙니다. 어느 시대에나 특권층은 '생산 활동으로부터 면제받는 특권'을 보장받았고, 이러한 면제가 그들의 신분적 우월성을 입증하는 표시였으니까요. 말하자면 그들은 일부러 일하지 않았고, 일부러 낭비했으며, 일부러 충분한 여가를 마음껏 즐기고 과시했습니다. 오히려 그들 사이에 노동을 즐기는 자가 있다면 그는 왕따의 대상이 되었을 것입니다. 생산 활동의 금지가 그들 안의 규범이었던 것이지요. 이러한 한가하고 비생산적인 삶의 모습이 다른 계층과 자신을 구분해 주는 결정적인 기준이었습니다.

바로 이렇게 다른 계급과 달리 한가하고 비생산적인 삶을 향유하는 계급을 가리켜 나는 '유한계급'이라고 이름 지었습니다.

아마도 여러분은 이렇게 물을 수 있습니다.

'도대체 누가, 어떤 이유로 유한계급의 한가로운 삶을 특권층의 삶으로 인정하고 그들을 우월한 계급으로 인정했단 말인가?'

봉건 시대 유한계급의 사회적 우월성이 인정된 것은 비단 그 시대만의 일이 아닙니다. 유한계급은 인류가 원시 공동체 사회를 형성한 이후 오늘날까지 그 우월성을 끊임없이 인정받으며 다양한 모습으로 진화해 왔습니다. 그 과정을 한번 살펴볼까요?

원시 시대의 유한계급은 사냥꾼

유한계급은 원시 사회부터 오늘날까지 어느 사회에서나 존재했던 집단입니다. 그들은 각 사회의 경제 기술의 변화 속에서 '사냥꾼', '전사', '귀족', '기업가' 등의 모습으로 진화되어 왔습니다.

이 변화 과정을 설명하기 위해서 나는 먼저 인류 역사의 변화 과정을 다섯 단계로 구분해 보았습니다. 첫 번째 단계는 원시적 공동체 사회, 두 번째 단계는 신석기 시대의 평화로운 미개 경제 시대, 세 번째는 사유 재산 제도가 출현한 약탈적인 야만 경제 시대, 네 번째는 전근대의 농업 경제 시대, 다섯 번째는 기계가 지배하는 현대 경제 시대입니다. 이는 산업 기술의 발전에 따라 제도가 어떻게 변화되었는가를 중심으로 구분한 것입니다.

이번 수업에서는 원시 사회에서부터 네 번째 단계인 농업 경제 시대까지의 유한계급의 변화 과정을 살펴보려고 합니다. 현대 사회의 유한계급에 대해서는 세 번째, 네 번째 수업에서 자세하게 다루어 보지요.

신석기 시대 이전의 시기에는 유한계급을 뚜렷하게 찾아보기 어렵지만, 어떻게 유한계급이 발생했는지 짐작할 만한 사회적 관계가 나타납니다. 바로 사냥하는 남성과 일상적 노동을 하는 여성의 구분입니다. 원시 시대는 사냥과 채집 및 수렵이 경제 활동의 중심이었습니다. 식물의 열매나 뿌리를 채집하고 물고기를 잡는 등 일반적인 식량을 얻을 수 있는 경제 활동은 주로 여성이 담당했습니다. 성인 남성들은 공동체에 양질의 단백질을 공급할 수 있는 동물을 사냥하는 일을 담당했지요. 동물 사냥은 일상적으로 하기 힘든 불규칙한 활동이었습니다. 따라서 공동체는 여성들의 일상적인 노동에 의존하여 살아가는 경우가 더 많았습니다.

그럼에도 불구하고 사냥하는 남성들이 공동체 안에서 특별한 존경의 대상이 되었습니다. 그들이 공동체에 양질의 단백질을 공급하기 때문만이 아니었습니다. 이때의 남성은 예측하기 어려운 존재와 상황을 스스로의 **지략**으로 계획을 세워 제압하거나 사로잡을 수 있는 능력의 소유자로 인정받았던 것입니다. 이러한 능력을 나는 '제작 본능'이라고 이름 지었습니다. 유한계급은 스스로 '제작 본능'을 발휘하는 계급으로 인정받고 존경의 대상이 됩니다.

> **지략**
> 어떤 일이나 문제든지 명철하게 포착하고 분석, 평가하며 해결 대책을 능숙하게 세우는 뛰어난 슬기와 계략을 의미합니다.

자, 이게 무슨 말인지 이해하기 위해서는 원시 시대 사람들의 생활과 그에 따른 사고방식을 좀 더 이해할 필요가 있습니다. 인간이 농사를 짓기 전 원시 시대는 온전히 자연에 의존하여 식량을 얻고 또 자연과 맞서 싸워 살아남아야 하는 시대였습니다. 엄밀히 말하면 자연은 원시 시대 사람들에게 두 가지로 나누어집니다. 예측 가능하고 안정적으로 다룰 수 있는 것과 예측 불가능한 것으로요. 원시인들은 과일이나 초목처럼 예측 가능하고 안정적으로 다룰 수 있는 것을 '부동체'라고 생각했습니다. 반면 폭풍, 사나운 동물, 질병, 홍수와 같은 예측 불가능한 자연 현상을 '활동체'라고 생각했습니다.

원시인들의 사고방식에 따르면 두려움을 자아내는 위험한 행동도 서슴지 않고 해야 하는 인간 활동에는, 부동체를 다루는 것과는 다른 지략과 수완이 발휘되어야 한다고 생각했습니다. 따라서 일상적으로 행해지는 생산적인 일들보다 위험을 무릅쓰고 용맹성을 발휘하는 일들이 더 명예로운 것으로 받아들여졌지요.

이렇듯 자연에 대한 구분은 그들이 하는 노동의 성격을 결정했습니다. 다루기 쉬운 부동체에 관여한 여성들의 노동은 쉽고 비천한 것

이었습니다. 반면, 예측하기 어려운 활동체를 다루는 남성들의 활동
은 명예로운 것으로 인정되었지요. 이렇게 사냥꾼으로 구성된 남성
집단에서 전투와 사냥은 강한 남자들의 전문 직업처럼 자리 잡습니
다. 이러한 문화 단계에서 자존심을 지닌 남성이라면 여자들의 노동
을 비천하게 여기고 자기의 용맹성을 과시할 수 있는 사냥에 종사해
야 합니다.

　원시 시대 남성 사냥꾼은 '사냥'이라는 경제적 활동을 담당하긴 했
지만 일상적인 노동으로부터 면제받는 특권을 누리게 됩니다. 이처
럼 명예로운 활동과 비천한 노동에 대한 구분은 남성과 여성 사이의

차별적인 관계를 당연시하는 사고방식과 관습으로 자리 잡습니다. 시간이 흐름에 따라 이러한 사고방식과 관습은 남녀 간의 차별적인 제도로 정착됩니다. 그리고 이러한 제도의 정착이 바로 유한계급 제도의 출발이라고 볼 수 있습니다.

유한계급 제도가 자리 잡은 야만 경제 시대

인류가 농사를 짓고 정착 생활을 하던 두 번째 시대, 신석기 시대의 평화로운 미개 경제 시대에는 아직 개인 소유가 발달하지 않았고, 개인들의 능력은 경제적인 생산에 힘쓰는 데 집중되어 있었습니다. 개인 간의 경쟁은 더 많은 생산물을 수확하는 경쟁에 머물러 있었지요. 일상적인 노동은 여성이 더욱 많이 담당했지만 남성들 역시 생산 활동에 참여하였습니다. 물론 이 시기에도 남성들은 자연의 재해에 맞서 싸우고 자연을 개간하는 데 자신의 용맹성을 발휘했지만, 생존을 위한 일상적 노동에 참여하게 됩니다.

그러나 생산물의 축적이 가능해지고 필요한 양 이상의 생산물이 발생하면 개인 간, 부족 간 약탈 전쟁이 시작됩니다. 원시 시대의 예측 불가능한 자연과의 싸움은 이제 부족 간의 전쟁이라는 상황으로 변화합니다. 물론 경제적 조건이 변화했기 때문에 평화적인 성격이었던 사람들이 약탈적으로 변한 것은 아닙니다. 원시 사회를 거치면서 특권적 지위를 보장받은 남성들은 이미 약탈 본능을 지니고 있으며, 환경이 그 약탈 본능을 실현할 기회를 주게 된 것이지요. 이제 남성들 중 생산 활동을 면제받고 부족 간 전쟁에서 재화와 노예를 강탈하는 계급이 생겨납니다. 바로 이 시대가 내가 구분한 세 번째 시대인 약탈적인 야만 경제 시대입니다.

이 시대는 전투를 집단의 공공연하고 대표적인 일로 삼는 시대입니다. 근면한 생산 활동은 전쟁 포로와 전쟁에 참여하지 않는 하층민의 몫이고, 오로지 부족 간 전쟁에서 승리하는 것만이 최고 지위에 있는 남성들이 하는 일입니다. 물건을 강탈이나 강압으로 획득하는 것이 최고 지위에 있는 남성들의 자존심을 만족시켜 줍니다. 이렇게 그들은 명예로운 일과 강탈을 동일한 것으로 보고 생산적인 노동을 멸시하는 유한계급으로 자리 잡습니다.

이 시기에 최초의 소유권도 발생합니다. 최초의 소유권은 부족 간 전쟁에서 전리품으로 얻은 여성 포로를 노예로 삼으면서 발생합니다. 전쟁을 주도한 최고 지위의 남성들은 여성 포로를 노예로 삼으면서 그들에 대한 소유권을 행사합니다. 일차적으로 여성 노예는 높은 지위에 있는 남성들의 용맹성을 과시하는 전리품입니다. 하지만 여성 노예들은 생산 활동을 할 수 있는 노동력을 제공하면서 주인의 부를 축적하는 수단이 됩니다.

여자들에 대한 소유를 기원으로 형성된 소유권은 여성들이 생산한 물품에 대한 소유권으로 확대되었고, 더 많은 노예를 가진 사람이 더 많은 부를 축적할 수 있는 조건을 만들게 되었습니다.

전리품
전쟁 시 적에게서 빼앗은 물품을
일컫는 말입니다.

사유 재산 제도는 생존 투쟁의 결과가 아니다

여기서 잠깐, 여러분은 "사유 재산 제도의 출현은 인간의 생존권 투쟁의 결과다"라는 주장을 들어 본 적이 있을 것입니다. 이게 바로 고전 경제학자들의 주장입니다. 이들의 주장에 따르면 인간이 생존하기 위해 필요한 재화는 한정되어 있어서 누구나 필요한 만큼의 재화를 쉽게 얻을 수는 없습니다. 따라서 한정된 재화를 둘러싼 개인 간, 집단 간 생존 투쟁이 발생하게 되며, 이 생존 투쟁에서 획득한 재화가 개인의 소유가 되면서 사유 재산 제도가 발생했다는 것입니다.

여기서 고전 경제학자들이 말하는 개인의 소유권 발생의 이유가 나의 생각과 다르다는 것을 확인할 수 있습니다. 먼저 재화의 양이 한정되어 있었기 때문에 소유권 제도가 발생한 것이 아닙니다. 앞에서 설명한 바와 같이 생존에 필요한 재화 이상의 축적물이 발생했을 때 그를 강탈하기 위한 부족 간 전쟁이 일어납니다. 물론 생존 투쟁은 초기 생산 활동의 특징이라고 볼 수 있습니다. 생존 투쟁은 생존 수단을 얻기 위해 끊임없이 격렬한 노동을 해야만 공동체를 유지할 수 있는 인색한 환경에서 이루어지는 활동입니다. 약탈을 통한 소유권 제도가 발생하기 위해서는, 생산 활동에 전념하지 않고 약탈적 전쟁에 집중하는 남성들이 존재할 만큼 공동체의 생산 활동이 안정적으로 이루어져야 합니다.

초기의 생존 투쟁 단계를 벗어나 생존을 위한 재화 이상의 축적된 재화가 존재하는 사회에서, 더욱 안락한 생활을 위해 생존 투쟁을 벌

인다고 주장하는 것은 한계가 있습니다. 약탈 전쟁은 부족한 재화를 획득하기 위한 투쟁이 아니라 더 많은 재화를 강탈하기 위한 전쟁입니다. 또한 강탈한 재화로 더욱 안락한 생활을 영위하는 것이 목적도 아닙니다. 최고 지위의 남성들이 부의 소유를 통해 명예를 얻는 것을 목적으로 한 전쟁입니다. 전쟁은 이를 통해 자신의 용맹성을 과시하고, 필요 이상의 부를 축적하여 자신의 권력을 과시하려는 유한계급의 약탈적 성격으로부터 발생합니다. 이러한 유한계급의 약탈적 행위가 개인의 소유권 제도를 발생시킨 것입니다.

만약 고전 경제학자들의 주장대로라면 부족한 재화를 얻기 위한 생존 투쟁은 어쩔 수 없는 선택이었고, 생존을 위한 정당한 투쟁이며, 획득한 재화의 소유도 정당한 것으로 인정해야 합니다. 하지만 실제 개인의 소유권 제도는 소수 특권적인 계급이 자신의 사회적 지위를 확고히 하고 그를 과시하기 위해 과시적 약탈 행위를 할 수 있도록 했던 불공정한 제도입니다. 따라서 고전 경제학자들의 주장과 달리 개인의 소유권 제도, 사유 재산 제도의 출현 과정은 불평등한 사회 계급의 관계에서 소수에게만 허용된 약탈적인 제도이며, 인간을 소유하고 그가 생산한 재화를 소유하는 비윤리적 제도라는 기원을 가지고 있습니다.

이렇게 약탈적 행위를 통해 발생한 소유권 제도는 이제 유한계급에게 '부의 축적'이라는 선물을 제공합니다.

유한계급의 재산 과시 경쟁

최초의 소유권이 탄생한 약탈적 단계에서, 이제 좀 더 안정적으로 사유 재산을 기반으로 한 생산 활동이 이루어지는 단계로 접어들면, 유한계급의 경쟁 양상도 달라집니다. 약탈과 폭력이라는 방식으로 노예를 소유하고 재화를 생산하는 방식에서, 이미 소유한 충분한 노예와 토지를 기반으로 부를 축적할 수 있는 단계에 접어들면, 더 이상 폭력적 약탈로 명예를 확인할 필요가 없어집니다.

네 번째 단계인 농업 경제 시대에는 부의 축적이 자신의 우월함과 성공을 확인시켜 주는 증표가 되는 것입니다. 농업 경제가 성장하고 안정적으로 부의 축적이 가능해지자, 금전의 소유는 명성과 존경으로 나타나게 되었습니다. 비교적 농업 경제가 안정적으로 성장했던 고대 사회와 중세 사회에서부터 돈의 소유 정도가 유한계급의 명예를 지켜 주는 중요한 기준이 됩니다. 물론 이 시대에도 크고 작은 전쟁이 늘 존재했습니다. 그러나 이제 유한계급은 전쟁에서의 전리품을 통해 용맹성을 과시하기 위해 전쟁에 참여하는 것이 아닙니다. 그들은 전쟁을 통해 부를 더욱 축적할 수 있을 때만 전쟁에 참여했습니다.

중세 시대의 영주들은 전쟁에서 승리한 대가로 땅에 대한 권리를 보장받았습니다. 엄밀히 말하면 땅에 대한 소유권은 왕에게 있었고, 영주가 인정받은 것은 땅에 대한 사용권이었습니다. 이렇듯 토지를 매개로 한 지배 계급이 중세의 봉건 제도입니다. 땅을 경작해서 얻는 생산물을 통해 부를 축적하는 것이 목적이었지요. 그래서 전쟁에 참여했고, 그를 통해 얻은 땅은 영주에게 부를 축적하는 수단이 되었습니다.

야만족 남자들이 강인한 육체적 힘을 입증하여 더 큰 명성을 얻었듯이, 농업 경제 시대의 유한계급은 일정한 기준의 부보다 더 많이 획득한 자가 더 큰 명성을 얻게 됩니다. 때문에 유한계급은 더 많은 부를 획득하려는 끝도 없는 치열한 경쟁에 뛰어듭니다. 이러한 경쟁을 '금력 과시 경쟁'이라고 합니다.

그런데 유한계급의 남성은 자신의 **금력**을 다른 남자

금력
돈의 힘, 즉 돈을 가짐으로써 얻게 되는 지위와 명예 따위의 힘을 의미합니다.

들의 금력보다 높이기 위해 경쟁적으로 부를 축적할 뿐만 아니라, 동시에 자신의 금력이 월등히 높다는 것을 과시하기 위해 특별한 행동을 합니다. 바로 첫 번째 수업에서 살펴본 '과시 소비', 그리고 과시 소비와 깊은 연관이 있는 '과시적 여가'입니다.

경쟁적으로 과시적 연회를 베푼 유한계급

부를 축적하면 할수록 혼자만의 노력으로는 자신의 부유함을 충분히 과시할 수 없게 됩니다. 그렇기에 값비싼 선물을 제공하거나 축제나 연회를 열어 친구들이나 경쟁자들의 호응을 이끌어 내게 됩니다. 연회의 주최자는 연회에 참석한 경쟁자가 연회에 참석한 이들과 자신에 대한 찬사를 늘어놓기를 소망합니다. 물론 유한계급의 축제나 연회는 오락과 여흥의 욕구를 충족시키기 위해서 지속적으로 열렸겠지만, 더 큰 목적은 자신의 넘치는 부를 과시하기 위함이었습니다.

중세 귀족들의 연회는 고대 로마 시대의 연회를 모방한 것이었습니다. 로마 시대의 연회는 보통 여덟 시간에서 열 시간까지 이어졌고 중간에 연극을 감상하는 시간이 있기도 했습니다. 연회 석상의 식사를 '체나'라고 했는데, 식사는 전채 요리와 세 종류의 수프, 두 종류의 구운 요리, 디저트를 포함해 총 일곱 가지의 요리로 이루어졌습니다. 식재료도 다양해서 지중해의 생선과 갑각류, 동방의 향신료, 각처에서 구입한 갖가지 과일, 토끼·노루·암평아리와 같은 육류로 만든 요리는 기본이고, 희귀한 요리도 무척 많았습니다. 새의 혀로 만든 요리, 들꿩 요리, 우유와 꿀에 담가 먹는 흰 거위 간, 멧돼지의 머리, 암

돼지의 유방, 어린 비둘기, 철갑상어 등등. 희귀한 재료로 만든 요리
는 그 맛이 특별했기 때문에 인기 있는 것이 아니라 구하기 힘들고
값비싸다는 이유로 선호되었습니다. 그만큼 연회를 베푼 주인의 부
를 과시할 수 있는 요리였으니까요.

로마 시대의 연회를 모방한 중세 귀족들의 연회 역시 자기 부를 과
시하려는 목적으로 이루어졌기에 경쟁적으로 연회를 베푸는 것이 일
상이 되어 버렸습니다.

"지난 주 페트로이트 백작의 연회에 처음 보는 철갑상어 요리가

등장했어. 나의 연회에는 이보다 더 구하기 힘든 재료로 만든 요리를 올리도록 해야지."

"지난번 연회에서 엘리자베스 백작 부인이 최고급 비단 드레스를 입고 왔어. 분명 동방에서 넘어온 것일 텐데. 어디서 구했는지 당장 알아봐야겠어."

"코넬리 남작의 마차를 끄는 말이 페르시아산인 것 같던데. 나도 이참에 더 좋은 말로 바꿔야지."

이런 식의 남들과 비교하는 경쟁심이 유한계급의 일상적인 고민거리였습니다. 유치하기 짝이 없는 경쟁심이라고 볼 수 있지만, 그들은 남들보다 더 희귀한 것, 그래서 더 비싼 것을 소유하고 과시하는 것에 온 힘을 쏟으며 금력 경쟁을 했던 것이지요.

우리의 눈에 비친 비생산적이고 낭비적인 연회가 부를 과시하는 목적보다 더 중요한 목적을 가지고 있었다는 것을 말하고 싶습니다. 그게 바로 '넘쳐 나는 여가를 과시하는 것'입니다. 나는 이를 '과시적 여가'라고 이름 지었습니다.

일하지 않아도 배부른 귀족

농업을 주요 산업으로 하는 중세 사회에서 농민들은 법률과 관습에 따라 자신이 직접 생산한 생산물을 조금이나마 소유할 권리를 인정받았습니다. 이를 통해서만 생활을 유지할 수 있었습니다. 어떤 경우에도 노동을 피할 수 없기에, 노동에 종사하는 자들은 그들 안에서 노동을 천시하지 않습니다. 이들에게는 근면함과 절약 정신이 중요시됩니다.

그러나 앞서 말했듯이 유한계급은 생산 활동인 노동을 비천한 것으로 생각합니다. 자신은 생산 활동에 참여하지 않고도 충분한 부를 누릴 수 있다는 것을 과시하기 위해 노력하지요. 물론 이들은 금력 과시 경쟁에 참여하기 때문에 '돈을 벌어야 한다'는 요구를 받아들여야 합니다. 그러나 '일체의 생산 활동에 참여하지 말라'는 요구에 더 크게 좌우됩니다. 오늘날에도 상류 계급의 남자들은 직접 생산 활동에 참여하는 것에 혐오감을 느낍니다. 고대 그리스의 철학자들로부터 오늘날의 유한계급에 이르기까지 우아하고 가치 있는 삶을 살아가기 위해서는 일정한 여가 시간을 가지고 일상 생활에서 당장 필요한 생산 활동을 면제받을 필요가 있다고 생각합니다. 왕궁에 화재가 발생했는데 왕좌를 옮기는 담당 관리가 없다는 이유로 크게 화상을 입을 때까지 꼼짝 않고 왕좌에 앉아 있었다는 프랑스 왕의 일화는, 유한계급이 얼마나 노동을 천시하는지 잘 보여 줍니다. 몰락한 귀족이 굶어 죽을지언정 직업을 구해 노동을 하는 것을 거부한 일화들도 마찬가지입니다.

유한계급에게 '여가'란 타인의 존경을 얻기 위한 수단이고, 물질적 가치와 다른 정신적인 가치를 지닌 것입니다. 이들에게 '여가'란 '게으름'이나 '아무 일도 하지 않음'을 뜻하는 것이 아니라 '시간을 비생산적으로 소비함'을 뜻합니다. 이들에게 여가 시간은 게으른 생활을 가능하게 하는 부의 증거이기 때문에 비생산적으로 소비됩니다.

모든 시대에 걸쳐 상류 계급의 예의범절이 까다롭고 절차가 복잡한 이유는 그만큼 예의범절을 익히는 데 충분한 시간을 투여했다는 것을 과시할 수 있기 때문입니다. 생각해 보세요. 귀족들의 식탁을 차지하고 있는 수많은 포크와 나이프, 스푼들을. 에피타이저용 포크와 스테이크용 포크가 따로 있고, 스프를 먹을 때 사용하는 스푼과 디저트용 스푼이 따로 있죠. 샐러드를 자르는 나이프와 스테이크를 썰 때 사용하는 나이프도 따로 있습니다. 그것들을 하나하나 구별해 가며 사용해 코스별로 식사를 모두 마치는 데 한 시간 이상이 소요됩니다. 긴 식사 시간보다 그 식사 예절을 익히는 데 더 긴 시간이 필요했던 귀족들의 예의범절은, 바로 그만큼의 비생산적인 시간을 소비할 여력이 있음을 증명하기 위함이었습니다.

이러한 예는 무수히 많습니다. 알아듣지도 못하는 라틴어로 공연되는 세 시간짜리 오페라를 줄곧 감동적인 표정으로 감상할 것, 복잡하고 까다로운 과정을 몸에 익혀야만 춤출 수 있는 사교댄스, 수백 가지의 라벨을 기억해야 하는 와인 수업 등등, 소위 상류층의 문화에 여전히 잔재해 있는 수많은 예의범절은 모두 넘칠 만큼 여유로운 시간을 투자해야 얻을 수 있는 것들입니다. 이 모든 예의범절은 바로 '유한계급이 여가 시간을 비생산적인 일에 소비했음'을 증명하기 위한 수단이었습니다.

그리고 이러한 예법을 주기적으로 과시할 수 있는 수단은 유한계급의 연회였지요. 연회를 통해 보여 줄 수 있는 식사 예절, 대화를 통해 흘러나오는 다양한 지식들, 사교댄스를 습득한 정도, 실내악을 감상하는 수준, 이러한 예의범절을 유한계급은 '교양'이라고 이름 짓습니다. 연회는 연회를 베푼 사람의 부의 수준을 과시하는 수단이었지만, 그에 앞서 유한계급들이 다른 계급과 자신을 구분 짓는 예의범절을 확인하고 과시함으로써 '교양 있는 특권층'의 면모를 다른 계층에게도 확인시키는 장(場)이었던 것입니다.

일반인의 유한계급 따라잡기

자신들보다 더 우월한 사람은 없고 동등한 사람도 없는 최고의 유한계급이라 자부하는 사람들은, 자신의 예법을 가장 완벽하고 가장 성숙한 표현이라 생각합니다. 여기서 멈추지 않고 그들은 자신의 예법에 '교양'이라는 이름을 붙여 더 낮은 계급의 사람들도 따라 해야 하는 행동 규범으로 제시합니다.

하지만 그러한 예절을 갖추기 위해서는 그만큼의 시간, 열성, 비용이 요구됩니다. 자신의 시간과 에너지를 생산 활동에 몽땅 투여하는 일반 사람들이 흉내 낼 수 없는 예절입니다. 이를 너무도 잘 알고 있는 유한계급은 자신들의 규범이 마치 최고로 고급스러운 문화 규범인 듯 강조합니다. 대부분의 사회에서 유한계급은 사회적 지배력을 가지고 있기에 그들의 행동 규범이 마치 훌륭한 규범인 듯 받아들여집니다.

때문에 유한계급과 같은 예의범절을 과시할 수 없는 사람들은 사회적으로 저급한 문화에 속하는 사람, 교양 없는 사람으로 분류됩니다. 하류 계급의 사람들이 귀족적인 식사를 하기 위해 거금을 낭비한다든가, 몰락한 귀족이 남은 모든 재산을 털어서 마지막 연회를 베푼다든가, 복잡하고 까다로운 사교댄스를 배우기 위해 많은 시간을 투자하는 모습은 유한계급의 예절을 갖추고자 하는 하류 계급의 열등감을 보여 줍니다. 유한계급이 자신들만의 복잡한 예절로 '노동할 필요가 없는, 충분한 여가를 누리는 존재'임을 과시한다면, 유한계급 밖의 사람들은 그런 예절을 구사하지 못하는 것이 '노동하는 시간이 너무 많아 교양을 갖출 여가를 얻지 못한 가난한 존재'라는 것을 증명하는 표시가 된다는 것에 수치심을 느낍니다.

결국 사회에서 상류층이 자유자재로 구사할 수 있는 예절은 유한계급의 사회문화적 우월성을 강조하고 있지요. 이것이 바로 일반인들이 유한계급의 행동을 따라 하고 싶어 하는 이유입니다.

이번 수업의 앞머리에서 여러분은 '도대체 누가, 어떤 이유로 유한계급의 한가로운 삶을 특권층의 삶으로 인정하고 그들을 우월한 계급으로 인정했단 말인가?'라고 궁금해했지요? 유한계급의 특권을 인정해 주는 유한계급 제도의 정착은 이렇게 인류 역사의 긴 과정을 통해 사람들 사이에 습관화되고 관습으로 자리 잡은 것입니다. 무엇보다 유한계급 밖의 사람들의 열등감을 기반으로 그들의 존재가 인정되어 온 것이지요.

자, 지금까지 원시 사회에서 중세 사회까지 유한계급 제도가 어떻게 자리 잡아 왔는지 살펴보았습니다. 그렇다면 현대 사회에서의 유한계급 제도는 어떻게 존재할까요? 여기까지 수업을 함께한 여러분이라면 아마 궁금해질 것입니다.

'현대 사회에서 유한계급은 누굴까? 기업가가 유한계급인가? 유한계급은 생산 활동에 참여하지 않는 계급이라고 했는데, 기업가는 생산 활동을 직접 하는 것은 아니지만 시간의 대부분을 경영이라는 경제 활동에 투자하고 있지 않은가? 그는 유한계급인가, 아닌가?'

현대 사회의 유한계급을 이해하기 위해서는 '영리 활동'과 '산업 활동'을 구분해야 합니다. 이에 대해서는 현대의 유한계급인 기업가와 소유권에 대한 네 번째 수업에서 자세하게 살펴보겠습니다. 현대 유한계급의 문제를 수업하기 전에 한 가지 더 여러분이 궁금해할 만한 문제를 세 번째 수업에서 다루려 합니다.

'여성은 유한계급인가?'의 문제입니다. 유한계급의 기원과 변화 과정에서 여성의 역할은 오히려 노동에 종사하는 존재로만 나타났지요. 상류 계급에는 분명 여성이 존재하는데 이들을 유한계급의 남성과 같은 존재로 파악해야 할까요? 한편으로 현대 사회에서 과시 소비의 주체로 보이는 여성이 과연 과시 소비의 주범인지, 아니면 그 이면에 다른 사회적 관계가 있는지, 이 문제를 세 번째 수업에서 살펴볼까합니다. 이 의문을 해결하는 과정에서 여러분은 현대의 유한계급의 속성도 자연히 이해할 수 있을 것입니다.

우리는 예측하기 어려운 상황에 맞서는 힘든 업무를 수행했지요.

이런 남자들은 유한계급이라는 특별한 지위를 얻었답니다.

오후 12시

저녁 5시 30분

밤 7시

중세의 유한계급인 귀족들은 아무런 활동을 하지 않고 빈둥거리며 여가를 보내는 것으로 자신의 부를 과시했어요. 이것이 바로 과시적 여가라는 거지요.

빈둥거리다니요? 우리가 지켜야 할 예의범절이 얼마나 많은데! 한번 배워 보겠어요?

아이고, 됐습니다, 됐어요.

문제는, 유한계급의 과시 행위가 점점 일반 계층에게 따라 하고 싶은 고상한 행동으로 인식되었다는 점입니다.

여성은 과시 소비의 주범일까?

오랜 시간 동안 여성은 남성들이 부를 축적하기 위한 수단이었습니다. 엄밀한 의미에서 지금도 여성은 유한계급이라고 볼 수 없으며, 유한계급 남성의 '대리인' 자격으로 과시 소비를 한다고 볼 수 있습니다. 그렇다면 여성은 어떻게 유한계급 남성의 대리 소비자가 되었을까요? 그 기원을 좇아가며 밝혀 봅시다.

여성은 유한계급일까?

여러분이 생각하는 아름다운 여성은 어떤 여성입니까? 지금 여러분의 머릿속에 그려지는 여성은 말랐다 싶을 정도의 날씬한 몸매, 가느다란 팔다리, 투명하다 싶을 정도의 하얀 피부, 세련된 명품 의상을 착용한 이미지입니까? 드라마에서 종종 그려지는 상류층 여성의 이미지와 흡사하지요? 노동이라고는 한 번도 해 본 적 없고, 햇볕에 그을린 일도 없었을 듯한 모습일 것입니다. 그녀가 하는 일이라고는 몸매 관리를 위한 규칙적인 운동과 그 몸매에 걸맞은 의상과 액세서리를 구입하기 위한 쇼핑, 가끔 집 안 분위기를 바꾸기 위해 가구나 소품을 고르는 수고스러움, 여유로운 식사와 음악 감상 등일 것입니다. 생산적인 일이라고는 하나도 하지 않고 남편이 축적한, 혹은 부모가 축적한 부를 우아하게 과시하는 여성이야말로 앞서 내가 설명한 유한계급이라고 할 수 있지 않을까요?

그런데 나는 유한계급의 기원을 설명하면서 원시 시대와 그 이후 약탈 시대에 유한계급은 남성들이었음을 밝혔습니다. 원시 시대의 여성은 일상적 노동에 종사한다는 이유로 유한계급에서 배제되었고, 약탈 시대의 여성들도 마찬가지로 일상적 노동에 종사하는 존재였습니다. 약탈 시대에 부족 간 전쟁에 참여한 유한계급의 남성이 포로로 삼은 여성들은 노동에 참여하는 노예가 되어 남성들의 부의 축적의 수단이 되었지요. 유한계급은 어느 날 갑자기 만들어진 것이 아니라 인류의 제도가 진화하는 과정에서 오랜 기간 동안 외형만 변화되어 왔기에 사회적 조건이 변했다고 해서 여성이 갑작스레 유한계급으로 등장하는 것은 아닙니다.

그렇다면 우리는 여성이 어떻게 유한계급 남성의 과시 소비를 공유하게 되었는지 그 기원을 먼저 살펴보아야 합니다. 결론부터 말하자면, 여성은 부모로부터 상당한 재산을 물려받은 유한계급 여성이 출현하기 전까지 엄밀한 의미에서 유한계급이라고 볼 수 없었으며, 유한계급 남성의 '대리인' 자격으로 과시 소비를 해 왔습니다.

자, 그렇다면 여성은 어떻게 유한계급 남성의 대리 소비자가 되었을까요?

유한계급 출신의 여성이 노동을 면제받기 시작하다

앞서 설명했듯이, 약탈적인 야만 시대에 여성은 남성의 소유물이었습니다. 여성 포로는 남성에게 용맹성을 확인시켜 주는 전리품을 의미하는 한편, 남성이 부를 축적하도록 노동력을 제공하는 재산이 었습니다. 이 시대에는 부자로 인정받기 위해서는 더 많은 여자를 소유해야 했습니다. 여자 노예는 경작지에서 생산을 담당하는 사람과 주인의 의식주를 안락하게 보살피는 가사 노동을 전담하는 노예로 역할 분담을 하게 됩니다. 가사 노동을 전담하는 노예는 자연스럽게 생산 활동을 면제받게 됩니다.

한편 야만적인 약탈 시대가 점점 농업 경제로 발전하는 과도기에 정착 생활 습관이 발달한 공동체의 남자들은, 이제 다른 부족으로부터 여자를 납치할 필요를 느끼지 못하게 됩니다. 그동안 증가한 노예들이 생산 활동을 통해 충분히 부를 축적해 줄 수 있었기 때문이지요. 이러한 정착 문화가 발달한 곳에서 유한계급의 남성이 본처로 삼는 여성은 대부분 명문가의 여성이었습니다. 명문가란, 축적된 부나 퇴색되지 않은 특권을 장기간 유지한 가문으로서의 명성을 획득한 가문입니다. 이러한 조상을 가진 여성이 유한계급 남성의 결혼 대상자로 선호되었겠지요.

하지만 여전히 이 시대에도 여성은 재산과 같은 소유물로 여겨졌습니다. 현재의 남편에게 팔려 오기 전에 그녀는 친정아버지의 소유물이었고, 결혼 후 이제 남편의 소유물이 된 것이지요. 그러나 친정 가문의 딸이라는 신분도 동시에 지녔습니다. 여성이 출신 가문 등의 사회 계급이 같은 남성보다 열등한 위치에 있다 하더라도, 상류 계급의 특성을 지닌 아들을 낳을 수 있다는 유전의 원칙이 이들을 일반적인 여성 노예들보다는 높은 지위에 올려놓았습니다. 이러한 관습이 사회 규범으로 인정되면서 그녀들은 상류 계급의 특권인 여가를 일정 정도 향유할 수 있는 권리를 얻게 됩니다. 또한 수공업을 비롯한 비천한 노동을 면제받을 수 있게 되었지요.

생산력이 지속적으로 발전할수록 유한계급의 아내뿐만 아니라 하인들도 노동을 면제받게 됩니다. 생산력이 지속적으로 발전하고 상대적으로 적은 수의 사람들에게 부가 집중될수록, 상류 계급의 부를 비교하는 기준은 더욱 높아집니다. 주인은 자신의 부가 다른 이들보다 더 높다는 것을 과시하기 위해 과시적 여가와 과시 소비를 더욱 열심히 해야 합니다.

이것은 유한계급 남성의 과시적 여가와 소비에 필요한 각종 준비 활동과 가사 노동이 더욱 확대된다는 것을 의미합니다. 예컨대 한 번의 연회를 개최할 때에도 수준 높은 요리를 담당하는 하인, 연회장을 화려하게 꾸미고 배달을 수행할 수많은 하인, 이 모든 것을 계획하고 준비하는 집사 등 수많은 하인들이 필요하게 됩니다. 이들은 점점 경작지에서의 육체 노동을 면제받기 시작합니다. 본처와 후처, 하인들은 농업과 수공업, 기타 비천한 집안일들이 면제되고 주인의 자존심을 관리하는 일들을 하게 됩니다. 주인에 대한 봉사의 의미가 중요해질수록 개인 전담 하인들로 구성된 특수한 계급도 더욱 발달하게 됩니다.

이제 전문화된 하인들과 아내는 주인의 부를 축적하는 실질적 노동 즉, 경작지를 가꾸는 등 직접적인 생산 활동보다 주인의 명성과 자존심을 증명하는 과시적 일에서 더 큰 역할을 담당합니다. 이렇게 생

주인의 품위를 위해 우리는 생산 활동을 하지 않아요.

집사
주인의 시중을 드는 계급

하녀
집안일을 하는 계급

농부, 광부 등
생산 활동을 하는 계급

산 노동을 면제받은 하인들을 많이 거느리고 있다는 것이 주인의 부와 권력을 증명하는 표시가 됩니다.

　이들의 여가 활동은 대체로 주인에 대한 봉사, 가재도구의 유지 관리와 같은 까다로운 작업으로 이루어집니다. 따라서 생산성이 없는 노동만 수행한다는 의미에서의 여가라고 할 수 있지요. 남자들의 안락한 생활을 위한 수많은 가사 노동 역시 생산적 활동이 아니라는 점에서 여가 활동으로 볼 수 있으며, 이는 유한계급의 여가와는 다른 의미입니다. 이를 나는 '대리 여가 활동'이라고 이름 붙였습니다.

　특히 이러한 대리 여가 활동은 그것을 수행하는 피고용인 계급의 예절을 규제하면서 좀 더 고급한 형태의 세련된 체계를 갖추게 됩니다. 까다로운 요리법, 각종 향신료에 대한 지식, 손님을 대접하는 매너, 각종 와인을 다루는 솜씨, 주인의 의상을 만들 고급 천을 고르는 안목, 세련된 디자인의 옷을 제작할 능력 등등을 익히려면 주인의 예의범절과 지식에 버금가는 예절을 갖추어야 합니다. 주인을 위한 봉사를 위해 특별 훈련을 받는 데에도 시간과 노력이 소요됩니다. 이렇듯 훈련된 하인들의 세련된 봉사 활동은 주인이 더 높은 수준의 보살핌을 받고 있다는 과시의 증거가 됩니다. 하인들의 서투른 솜씨는 특별한 훈련을 받은 하인에게 봉사받을 능력이 없음을 입증하는 것이기 때문이지요. 다시 말해, 정확한 예법에 따른 특별한 봉사 인력을 소유한 남성은 그에 따르는 시간, 비용, 노력, 교관을 투입할 능력이 있음을 입증하는 것이었습니다. 이렇듯 하인들의 중요한 용도는 여전히 주인의 재력을 증명하는 데 있었습니다.

초기 농업 경제 시대에 유능한 하인이 유한계급 남성의 능력을 증명하듯, 가사 노동에 능한 아내 역시 남편의 능력을 과시하는 용도를 지녔습니다. 두 존재의 구분은 농업 경제가 발달하고 신분제가 여성에게까지 적용되는 시기에 이루어집니다. 유한계급 경제가 발달하면서 한가한 상류층 부인과 하녀로 변모하게 되지요.

아내를 통해 능력을 과시하는 유한계급

중세 사회에도 귀족 여성과 같은 상류층 여성이 존재하지만, 이들은 여전히 아버지의, 혹은 결혼 후에는 남편의 부를 과시하는 대리인으로서의 역할을 부여받습니다. 뿐만 아니라 유능한 하인보다 더 효과적으로 남성의 능력을 입증하는 역할을 수행합니다. 자신의 아내가 코르셋으로 꽉 조인 날씬하고 가녀린 몸매에 거동하기조차 힘든 거추장스러운 드레스를 입고 남들 앞에 나서는 것은, '나는 아내를 어떠한 노동에도 사용하지 않는 사람이며, 그녀에게 값비싼 드레스와 보석을 선물할 만큼 부유한 사람이다'라는 것을 말해 줍니다.

때문에 여성의 신체를 변형시키는 극단적인 형태의 코르셋과 전족과 같은 것이 유한계급의 금력을 과시하는 수단으로 나타나기도 하는 것입니다. 자신의 딸이나 아내를 아름답게 치장하고, 그들에게 수많은 지식을 주입하고, 까다로운 예의범절을 익히게 하는 것 역시 유한계급의 남성

전족
여자의 발을 인위적으로 작게 만들기 위해 헝겊으로 묶었던 중국에서 행해졌던 풍습입니다.

이 오랫동안 여성을 자신의 능력을 과시하는 재산으로 여겨 왔던 습성을 드러내는 것이었지요. 유한계급 남성 자신뿐만 아니라 자신의 소유물인 여성 역시 세련되고 고급한 교양을 갖출 만큼의 시간과 부를 투자할 능력이 있다는 것을 아내를 통해 과시하게 됩니다.

부의 수준이 높아야 한다는 인식이 만연하면서 잉여 재산을 과시하는 수단인 하인들을 더 많이 소유하고, 그들의 노동도 더 많이 착취하는 풍조가 유행합니다. 재화의 생산에 종사하는 노예들을 소유하고 관리하는 것은 부와 용맹성을 입증하는 것이지만, 아무것도 생산하지 않는 하인들을 보유하는 것은 그보다 더 많은 부와 더 높은 지위를 입증하는 것이지요.

한편 피고용인의 노동도 분화하여, 한 집단이 주인을 위해 재화를 생산한다면 그의 아내가 이끄는 집단은 그 재화를 주인을 위한 과시적 여가 생활로 소비합니다. 그것은 결국 주인이 자신의 우월한 재력을 손상시키지 않고도 그런 생산과 소비에 필요한 막대한 금전적 손실을 감당할 수 있는 능력을 가지고 있음을 과시하는 증거가 됩니다.

상류층 여성, 현대 사회의 과시 소비의 대리인

현대 산업 사회에서는 일상의 안락과 편리를 위해 동원할 수 있는 기계 장치들이 고도로 발달했습니다. 따라서 오늘날 낡은 관습에 따라 수많은 하인을 고용하는 유한계급은 거의 찾아볼 수 없습니다. 하지만 오늘날에도 여전히 가정부나 집사를 고용하는 유복한 계층이 존재합니다. 그들은 자신이 너무도 많은 사회적 책임을 지고 있고 해야 할 중대사가 너무도 많기 때문에 가사 노동을 수행할 수 없다고 주장할 것입니다. 이를 달리 말하자면, '체면 유지에 반드시 필요한 각종 사교 모임, 스포츠 활동, 자선 활동 등으로 이루어진 과시적 여가 활동에 시간과 노력을 쏟아야 하기 때문에, 또한 이러한 활동을 위한 의복을 비롯한 과시 소비에 노력을 쏟아야 하기 때문에 가사 노동을 할 수 없다'입니다. 또한 '과시 소비에 필요한 재화의 구비 조건을 따르다 보면 집, 가구, 장식품, 의상, 식탁 등 가재도구들이 너무도 복잡하기에 이를 관리하고 도와줄 고용인이 필요하다'라고 말할 수 있습니다. 오늘날 가정부나 집사 같은 상당한 보수를 보장받는 피고용인들로 구성된 특수 계급이 존재할 수 있는 것은, 이들이 재력가들의 체면치레 욕구를 만족시켜 주면서 자신들의 육체적 안락을 양보하기 때문입니다.

신분제가 사라지면서 유한계급에 의탁하던 수많은 대리 소비자들은 사라집니다. 그리고 이들의 임무는 유한계급의 아내에게 넘겨집니다. 이제 아내가 대리 여가와 대리 소비의 주요 인물이 되는 것입니다. 현대 사회의 상류층 아내들은 각종 자선 행사에 적극 참여하여 남편의 재력을 과시하고, 크고 작은 사교 모임에 남편과 동행하거나 독자적으로 참여하여 자신의 예의범절과 교양, 값비싼 의복을 과시합니다. 그녀의 이러한 활동은 자신의 인격을 과시하듯 드러내는 것이 아니라 남편의 재력과 교양을 대신 보여 주는 것입니다.

이렇듯 상류층 여성이 남성의 부의 수준을 드러내는 대리인이라는 점 때문에 여성들은 경쟁적인 과시 소비를 하게 됩니다. 이들은 누구나 쉽게 손댈 수 없는 희소한 가치를 지닌 의상, 보석, 여행 상품에 항상 목말라 있습니다. 세계에 열 개밖에 없다는 반지, 이탈리아의 명품 디자이너가 딱 서른 벌만 만들어 시장에 내놓았다는 의상, 한국에는 두 개밖에 없다는 명품 백을 찾아 누구보다 먼저 그것을 소유해야 한다는 경쟁심에 사로잡혀 있습니다. 남들과 확연히 다른 차별적인 낭비가 남편에게 명성을 안겨 주기 때문입니다.

우리는 낭비적 소비의 주범을 여성이라고 생각합니다. 과다한 명품 소비가 화젯거리가 될 때마다 "여자들이 문제야"라며 여성들의 낭

비벽을 비난합니다. 그런데 어떻습니까? 나의 설명을 들어 보니 여성들의 과시 소비 뒤에는 유한계급 남성의 금력 과시 경쟁이 자리 잡고 있다는 것을 알 수 있지 않습니까?

중류층의 여성은 왜 과시적 소비를 할까?

그런데 과시 소비는 상류층 여성뿐만 아니라 중·하류 계층의 여성에게도 나타나는 현상입니다. 유한계급 남성의 금력 과시 경쟁 때문에 상류층 여성이 과시 소비를 일삼는다는 것은 이해가 가는데, 중·하류 계층 여성들의 과시 소비는 왜 발생하는 걸까요? 이것은 순전히 상류층 여성을 따라잡고 싶어 하는 여성들의 허영심 때문에 발생할까요?

현대 산업 사회 이전에 유한계급에 고용된 대리 소비자나 유한계급의 후원을 받아 온 중·하류 계층은 유한계급의 대리 소비자로서 과시적 소비에 참여했습니다. 재력은 없지만 학문을 연구하는 학자나 예술가, 유한계급의 생활을 관리하는 관리자, 또 유한계급과 관련된 일에 종사했던 수많은 사람들은 직접적인 생산 활동을 하지 않고 유한계급의 후원과 지원 아래 과시적 여가와 과시 소비를 공유했습니다. 하지만 수많은 대리 소비자들은 현대 산업 사회에서 중·하류 계층으로 분화되고, 이들 가부장은 더 이상 과시적 여가를 즐길 수 없습니다. 이들은 경제적 환경의 변화에 따라 생산적 성격을 띠는 취업을 통해 당장의 생계를 유지해야 합니다. 따라서 중·하류 계층 가부장의 과시적 여가는 완전히 폐기됩니다.

하지만 중류층의 아내는 여전히 가부장의 평판을 좋게 할 목적으로 과시적 여가와 소비 활동을 수행합니다. 아내에게 일임된 여가 활동은, 그녀가 어떠한 직업에도 종사하지 않으며 종사할 필요가 없다는 것을 과시하는 것이 목적입니다. 아내에게 일임된 여가 활동은 단순한 게으름이나 나태의 징표가 아닙니다. 아내의 여가 활동은 일정한 노동, 가사 의무, 사교 활동과 같은 활동으로 이루어지는데, 사실 이러한 활동을 잘 들여다보면 그녀가 소득을 보장받는 어떠한 직업에도 종사하지 않으며, 종사할 필요도 없다는 것을 과시하는 것을 목적으로 합니다. 그녀가 집 안을 산뜻하게 장식하는 것은 가부장의 취향에 호소하는 것으로, 집안일에 모든 것을 다 바쳤다는 증거입니다. 생활의 쾌적함을 위해 가정주부는 시간과 비용을 과시적으로 아낌없이 지출해야 한다는 법칙에 따라 형성된 전통 지침에 따른 것입니다. 그러한 중류층 가정의 장식품들 중에서 좀 더 명예롭고 '남에게 자랑할 만한' 것들은 한편으로 과시 소비의 증표가 되고, 한편으로는 가정주부에게 일임된 대리 여가의 증거로 제시되는 소품이 됩니다. 이렇게 중·하류 계층의 남성들 역시 사회적 체면을 유지하기 위해, 가족과 가부장의 명예를 위해 여전히 아내가 일정량의 재화를 과시적으로 소비할 것을 요구합니다. 그리하여 원시 사회에서 남성이 소비할 재화를 생산하는 노동을 제공했던 여성이 현대 산업 사회에서는 남성이 생산한 재화를 '의례적'으로 소비하는 소비자가 됩니다. 이렇듯 중·하류 계층의 여성들도 남편의 체면치레를 위해 과시 소비를 한다는 점에서는 상류층 여성과 다를 바가 없습니다.

중류층은 왜 과시적 소비를 벗어나지 못하나?

중류층 이하 하류 계층의 부인이 수행하는 대리 소비는 유한계급 생활 양식의 직접적인 표현으로 평가될 수는 없습니다. 그럼에도 불구하고 하류 계층조차 유한계급이 향유하는 과시 소비에 대한 유혹에서 벗어나지 못합니다. 이들 역시 유한계급의 생활 양식을 꿈꾸기 때문이지요. 하류 계층에게 유한계급의 생활 양식은 자신들보다 더 높은 단계의 것으로 보입니다. 왜 그럴까요? 유한계급의 생활 예절과 가치 기준이 사회적 명성을 얻기 위한 기준처럼 여겨지기 때문입니다. 즉, 사회적 명성을 획득하기 위해서는 유한계급의 생활 양식을 따라야 한다고 생각되기 때문이지요. 되도록이면 이들의 생활 기준을 따르는 것이, 기준에 못미치는 모든 하류 계층의 의무가 되어 버립니다. 그 결과 각 계급의 구성원들은 자신보다 한 단계 더 높은 계급에서 유행하는 생활 양식을 자신이 추구해야 할 이상적인 생활 양식으로 인정하고, 그러한 이상을 추구하는 데 자신의 에너지를 쏟습니다.

고도로 산업화된 사회에서 명성 획득의 근거는 다름 아닌 재력입니다. 재력을 과시하는 동시에 명성을 획득하고 유지하는 방편은 여가 활동과 과시적으로 재화를 소비하는 것이지요. 이 두 가지 방편 모두 그런 여가나 소비의 가능성을 지닌 중·하류 계층에게도 유행하기에 이릅니다. 또한 이 두 가지 방편에 몰두하는 중·하류 계층에서는 이 두 가지 임무가 대개는 가정주부와 자녀에게 일임됩니다. 이들 하류 계층의 남성들은 과시 소비를 중단할 수밖에 없고, 아내의 소비를 통해 일정 정도의 재력을 보유하고 있음을 과시하게 됩니다. 이렇게 사회를 구성하는 어떠한 계급도, 심지어 절대 빈곤에 시달리는 빈민조차도 관습적인 과시 소비의 유혹으로부터 자유로울 수 없습니다. 따라서 하층민조차도 어느 정도 재력이 있음을 과시하는 최신 유행하는 의복, 장신구들에 대한 소비를 위해 비참한 생활도 감수하려는 비상식적 행동을 하는 것입니다.

중·하류층의 과시 소비에 대한 유혹은 어느 시대보다 현대 사회에서 더욱 커집니다. 공동체나 사회 집단이 작고 일반적인 평판에도 상당한 영향을 받을 만큼 규모가 작고 단출하다면, 자신의 소득 수준에 걸맞지 않은 과시 소비는 체면치레에 불과하다는 것이 금방 탄로 날 것입니다. 그러나 의사소통 수단의 발달과 인구 이동에 따라 한 개인은 이제 수많은 개인들의 시선에 노출될 수밖에 없습니다. 이때 다수의 개인들은 자신들의 시선 앞에서 한 개인이 자신의 역량에 따라 선보이는 재화들(그리고 어쩌면 예의범절) 말고는 그의 명성을 판단할 기준을 가지고 있지 않습니다.

현대 산업 사회에서 기계적인 대화만 나누는 이웃은 종종 사회적으로 이웃도 아니고 안면이 있는 사람도 못 됩니다. 일상에서 아무런 공감도 느끼지 못하는 이들 관객들에게 자신의 재력을 인식시킬 수 있는 유일한 실질적 방편은 겉치레에 신경 쓰는 것뿐입니다. 또한 현대 사회에서는 서로의 일상생활을 잘 모르는 사람들이 대규모로 모이는 장소가 늘어 가고 있지요. 교회, 극장, 호텔, 공원, 상점 같은 곳이 그것입니다. 변덕스러운 관객들에게 강한 인상을 주고 그들의 시선을 받으며 자기 만족감을 만끽하려는 개인은 자신의 재력을 남들이 인식할 수 있도록 겉으로 드러나는 소비에 전념합니다.

교과서에는

과시 효과는 옷이나 구두, 가방처럼 외부에 잘 보이는 장식품의 특성을 가진 재화일수록 더욱 심해집니다.

명성 획득을 위한 수단으로 유용할 뿐만 아니라 체면 유지를 위한 요소로도 강조되는 과시 소비는 개인 간의 접촉이 광범위하게 이루어지고 인구 이동이 심한 사회의 구성원들에게는 최선의 소비로 여겨집니다. 그렇기에 인구수가 많은 도시인들 사이에서 더욱 과열되는 경향을 보입니다.

자, 이제 왜 누구나 부자가 되고 싶어 하는지 이해하셨나요? 부자란 자신의 재력을 마음껏 뽐낼 수 있는 사람들이기에 현대에 와서는 더욱 선망의 대상이 됩니다. 그리고 우리는 중세의 귀족과 달리 부자들이 산업 사회에서 중요한 경제적 역할을 한다는 믿음도 가지고 있습니다. 앞서 말한 유한계급과 달리 생산적 활동을 하는 것이 현대의 부자들이라고 생각하지요.

하지만 나는 약탈적인 미개 시대나 농업 경제 시대의 유한계급이 비생산적 존재였던 것처럼, 현대 사회의 유한계급도 비생산적인 영리 활동에 몰두하는 존재라고 생각합니다. 유한계급의 속성은 하나도 변하지 않았으니까요.

왜 그렇게 생각하는지 다음 수업에서 자세히 밝혀 보겠습니다.

승용차만큼은 사장님

대기업 과장 2년 차인 김모 씨(36)는 지난 추석을 앞두고 큰맘 먹고 신형 그랜저를 구입했다. 원래 첫 번째로 구입했던 준중형차와 비슷한 차종을 구입하려 했지만, 이왕 사는 거 '큰 차'를 사자는 마음에서였다.

김 씨는 "출퇴근용으로 이용하지 않기 때문에 연비 걱정은 별로 하지 않았다"며, "대신 주말에 가족들과 서울 근교로 놀러 가는 시간이 많아 안전성을 고려해 넓고 큰 차를 골랐다"고 말했다. 그는 "예전에는 그랜저 같은 대형차는 임원 이상이나 나이가 지긋한 돈 많은 자영업자나 탈 수 있다고 생각했으나, 신형 그랜저의 젊은 디자인 감각과 각종 편의 기능이 맘에 들었다"고 덧붙였다.

그가 대형차로 바꾼 데에는 또 다른 이유도 있다. 작은 차를 몰고 다니면 괜히 주눅이 들 때가 많았기 때문이다. 차를 몰고 호텔이라도 들어갈라 치면 괜히 신경 쓰이기도 했다. 호텔이야 자주 가지 않아 별다른 문제가 없지만, 일상생활에서도 차를 보고 얕보는 사람들이 많았기 때문이다.

'경차에서 출발해 소형차로 바꾸고 준중형, 중형차로 옮긴다?' 나이가 들면서 소득이 높아지고 차종도 한 단계씩 올라간다는 공식은 더 이상 통하지 않고 있다. 젊은 세대와 중년 세대 구분 없이 소득과 취향에 따라 차를 구매하는 경향이 점차 확산되고 있다.

최근 경기 불황에도 대형 자동차의 자동차 시장 점유율은 크게 상승하고 있다. 김모 씨와 같이 중류층에 속하는 소비자들도 대형 승용차를 소유하고 싶은 욕구를 떨쳐 버리기 힘들기 때문이다.

업계 관계자는 "소·준중형차의 잠재 고객들은 여전히 경기 불황의 영향을 받고 있지만, 중·대형차의 경우 신차 출시에 따른 가격 인하 경쟁과 함께 고급 차를 선호하는 수요층이 꾸준하다"며, 당분간 대형·고급 차에 대한 선호도는 계속될 것이라고 전망했다.

  산업연구원(KIET)은 지난 10월 「국내 승용차 소비 구조와 개선 방안」 보고서에서 국내 소비자들이 대형차를 좋아하는 이유로 차량 크기를 신분과 동일시하는 사회 풍조와 소형차에 대한 세제 혜택 감소 등을 꼽았다. 이러한 대형차 돌풍에는 상류층의 과시 소비를 따라잡고 싶은 중류층의 심리가 자리 잡고 있는 것이다.

기업가의 이익과
사회의 이익

기업의 경제 활동에는 생산 활동과 이윤 추구 활동이 있습니다. 이 둘은 같은 것일까요, 별개의 것일까요? 신고전파 경제학자들의 이론과 베블런의 이론을 비교해 가며 확인해 봅시다.

수능과 유명 대학교의 논술 연계

2008년도 수능 9월 모의평가 7번

기업가의 이윤 추구가 사회 발전에 도움이 될까?

여러분은 대기업의 회장님을 존경합니까? 그가 부자이기 때문인가요? 그의 기업 활동이 사회를 발전시킨다고 생각하기 때문인가요? 그가 다른 사람들과 달리 천재적인 머리를 가졌기 때문입니까? 이 모든 것이 전부 이유가 된다 하더라도, '존경'이라는 말은 그가 사회적으로 의미 있는 존재일 때 사용하는 것이겠지요?

암암리에 우리의 머릿속에 대기업의 회장은 우리를 경제적으로 잘살게 하는 데 큰 역할을 하는 사람이라는 의식이 있습니다. 그는 많은 회사를 경영하며 많은 일자리를 창출했고, 새로운 기술 혁신을 위해 항상 많은 연구 비용을 투자하며 새로운 산업을 일으키는 능력 있는 사람이자, 그 모든 경영의 결과가 사회의 이익을 증대시킨다는 생각을 합니다. 그래서 그의 경제적 능력에 존경심을 갖는 것이지요.

하지만 내가 본 기업가들은 그다지 존경할 만한 사람들이 아니었습니다. 내가 자라났던 미국의 19세기 말은 호황 시대라고 불렸습니다. 불과 이삼십 년 만에 농업을 기반으로 했던 미국이라는 나라가 놀랄 만한 대규모 공업 국가로 변화했습니다. 공업을 주도했던 기업들은 하나같이 노동자들에게 값싼 임금을 지급했고, 미국의 자연 자원을 독점했으며, 이를 가능하게 해 주는 정치인들과 결탁하기 위해 수많은 로비 자금을 쏟아부었습니다. 남북 전쟁이 끝난 지 불과 반 세기 만에 미국은 세계 제일의 공업 국가로 성장했습니다. 1860년대 말부터 1900년에 이르기까지 공장 수는 네 배로 증가했고, 노동자 수는 다섯 배 많아졌으며, 자본의 총량은 아홉 배 증가했습니다.

이러한 공업국이 되기까지 미국의 농민들은 부당한 희생을 치러야 했습니다. 1890년에서 1894년에 걸친 기간 동안 캔자스 지방에서는 저당 잡혔던 1만 1000개 이상의 농장들이 무차별 처분되었습니다. 희망을 품고 서부로 떠났던 많은 개척민이 몰락했기에 다시 도시 빈민으로 돌아가야 했습니다. 마침내 밀값이 1부셸당 5센트 이하로 떨어지자 수많은 중서부 지방의 촌락이 도산했습니다.

이런 가운데 농민들의 파산을 배경으로 석유, 철강, 철도 회사가 산업계를 지배했고, 이런 회사들을 경영하던 록펠러, 카네기, 반더빌트 등은 미국의 대통령도 꿈꾸지 못했던 막강한 힘을 가지게 되었습니다. 이들은 자신이 고용한 노동자들에게 저임금과 열악한 노동 환경을 제공하면서 착취를 일삼았습니다. 나는 농민, 노동자, 기술자 등의 다수의 미국인은 굶주렸지만 소수의 기업가들은 더욱 부유해지는

이상한 시대를 경험하며 성장했습니다. 이때 미국은 두 개의 그룹으로 분리되어 있었지요. '산업 지도자와 하층민'의 분리입니다.

이러한 경험은 "기업가의 이익이 사회의 이익으로 이어진다"는 애덤 스미스의 주장에 의심을 품게 했습니다. 신고전파 경제학자들은 여전히 그의 주장을 지지하지만, 내가 겪은 현실은 너무도 달랐지요. 애덤 스미스는 기업가의 이윤 추구는 사회 전체 이익에 부합한다고 했습니다.

"개별 기업가는 자기 이윤만 추구할 뿐 사회 전체 이익에는 관심이 없다. 단지 자신의 이익 추구를 위해 합리적 결정을 내릴 뿐이다. 시장 안에서 개개인의 경제 주체는 자기 이윤을 높이기 위해 노력하지만, 그 결과는 사회 전체 이익의 증대로 나타난다. 왜냐하면 사회 전체의 이익은 개인 이익의 총합과 같기 때문이다."

신고전파 경제학자들은 이러한 애덤 스미스의 견해가 타당한 이유를 첫 번째 수업에서 설명한 한계 생산 비용과 연관 지어 설명하였습니다.

"기업가는 자기 이윤을 최대화하기 위해 기존의 생산 설비로 얼마만큼의 노동력을 투여할지를 합리적으로 계산하여 총수입과 한계 비용을 비교해 노동자의 고용을 결정한다. 이러한 합리적 결정이 시장에서의 공급량을 조절하여 기업은 각자 적정 이윤을 얻고 소비자는 균형 가격으로 상품을 구입하는 이익을 얻는다."

앞서 첫 번째 수업에서는 이러한 주장의 문제를 '시장의 성격'에서 찾아 설명했습니다. 그들이 말하는 '완전 경쟁 시장'이 있는가를 짚어 가며 설명했지요. 이번 수업에서는 이 주장의 문제를 '기업가의 이윤의 성격'에서 설명해 보고자 합니다. 애덤 스미스와 신고전파 경제학자들의 주장과 달리 나는, "기업가의 이익과 사회 이익은 별개의 것이다"라고 주장합니다. 왜 그런지 잘 들어 보세요.

스미스 씨, 영리 활동과 산업 활동은 다릅니다

2004년 여름, 멕시코 만에서 세력을 일으킨 허리케인 찰리가 플로리다를 휩쓸고 대서양으로 빠져나갔습니다. 그 결과 스물두 명이 목숨을 잃고 100억 달러에 이르는 손실이 발생했습니다. 문제는 그다음이었습니다. 올랜도에 있는 어느 주유소는 평소 2달러에 팔던 얼음주머니를 10달러에 팔았습니다. 건설업자들은 지붕을 덮친 나무 두 그루를 치우는 데 무려 2만 3000달러를 요구했고, 가정용 소형 발전기를 취급하는 상점에서는 평소 250달러 하던 발전기를 2000달러에 팔았습니다. 평소 요금이 40달러인 호텔에서는 160달러를 투숙자에게 요구했습니다.

플로리다 주민들은 바가지요금에 분통을 터뜨렸고, 플로리다 주법무장관은 남의 고통과 불행을 이용해 이익을 챙기는 행위는 옳지 않다고 판단해 가격 폭리 처벌법을 집행하려고 했습니다. 이때 일부 경제학자들이 해당 법에 반대를 했지요. "시장이 견딜 만한 값을 요구하는 행위는 폭리가 아니다. 탐욕도 뻔뻔스러움도 아니다. 그것은 자유 사회에서 재화와 용역이 분배되는 방식이다. 강력한 폭풍으로 삶이 수렁에 빠진 사람들에게 가격 급등은 화나는 일이지만, 화가 난다고 해서 자유 시장을 방해해서는 안 된다"라고 주장했습니다.

> **가격 폭리**
> 지나치게 높은 이익을 취하는 부당한 행위를 뜻합니다.

당장의 시장의 혼란은 수요에 비해 공급이 부족하기 때문이니, 그대로 내버려 두면 저절로 시장에서 균형 가격이 형성된다는 것이었지요. 이들 경제학자들은 모든 경제 주체의 경제 활동이 이윤을 추구하는 활동이며, 이는 결국 개개인의 의도와 상관없이 사회 발전에 이바지하게 된다는 믿음을 가지고 있습니다.

하지만 나는 가격 폭리를 취했던 상점과 기업들의 목적은 '금전적

이익'이며, 그들의 이러한 영리 활동은 사회 발전과 아무런 관련이 없다고 봅니다. 플로리다 주에서 폭리를 취했던 업체들은 모든 물자가 부족한 주민들의 불행한 현실을 이용해 한몫을 챙기려는 욕심을 가지고 있었을 뿐입니다. 자신들의 폭리의 결과가 장기적으로 소비자의 소비 능력을 감축시킬 것에 대한 걱정보다는 당장 벌어들이는 돈을 더 많이 축적해서 기업의 이익을 높이는 데에만 관심이 있었을 뿐입니다. 소비자의 소비 능력이 바닥났을 때 다시 수요가 줄어들고 그로 인해 가격이 하락한다 해도, 그들은 또 다른 시장에 물건을 공급하면 그만이라는 계산을 했을 뿐이지요. 이러한 기업의 금전적 이익 추구는 기업가의 배를 채울 뿐 소비자의 이익과는 아무런 상관이 없습니다.

그럼에도 불구하고 스미스와 신고전파 경제학자들은 자기 이익만 추구하는 기업의 경제 활동이 결과적으로 사회 전체의 이익이 된다고 주장합니다. 이들은 생산 활동과 이윤 추구를 위한 활동 모두를 동일한 경제 활동이라고 보고 있습니다. 하지만 나는 경제 활동을 두 개의 영역으로 나누어야 한다고 봅니다. 하나는 산업 활동이고 다른 하나는 영리 활동입니다. 기술자, 노동자들의 활동이 주로 생산 활동인 산업 활동에 속한다면, 기업가의 이윤 추구 활동은 주로 영리 활동에 속한다고 볼 수 있습니다.

기업가의 지상 최대 목표는 돈

산업 활동의 최우선 목표는 질 좋은 물건을 효율적으로 생산하여 인간의 삶을 향상시키는 것입니다. 산업 활동은 자본주의 사회에서만 나타나는 것은 아니지만, 자본주의에 있어서 물질적 바탕이 되는 것이며 기술력을 발전시키고 생산력을 발전시키는 활동입니다. 야만적인 시대에 노예들이 전담했던 생산 활동이나 봉건제 시대에 농민들이 전담했던 생산 활동이 여기에 속하지요. 산업 활동의 가장 두드러진 특징은 '체계적인 생산을 위한 협력적인 조직화와 지식의 합리적 적용'입니다. 농업 경제 시대에도 자본주의 경제에서도 생산력을 발전시키고 물질적인 풍요로움을 축적할 수 있도록 했던 활동은 언제나 노동자들 간의 협력과 축적된 지식의 공동 사용을 통해 이루어졌습니다. 농업 경제 시대의 농민들은 새로운 경작법을 연구하고 공유하면서 생산력을 증대시켜 왔습니다. 공동의 농사 기술을 공유하고 공동 경작을 통해 생산을 증대시켰던 농업 경제 시대는 말할 것도 없고, 근대의 산업 생산 역시 사회의 기술적인 유산, 공동의 지식을 공유하였기에 가능했습니다. 노동자, 기술자, 산업체 사이의 상호 연관성을 통해 생산의 효율성이 증대되는 것이지요.

하지만 영리 활동은 위의 산업 활동과는 전혀 다른 영역의 활동입니다. 영리적 기업 활동이란 '이윤을 위한 투자'를 말합니다. 그 목적은 생산력의 발전이 아닌 '화폐의 축적'입니다. 영리 활동의 목적은 금전적 이익이지 재화의 생산이 아닙니다. 즉 재화를 생산하기 위해 활동하는 것이 아니라 금전적 이익을 위해 활동합니다. 기업의 영리 활동은 금전적 이익에 기여할 때만 생산력 발전에 관심을 갖는다는 특성이 있습니다. 즉, 금전적 이익을 위해서 재화를 생산할 수도 있고 안 할 수도 있습니다.

재화의 생산에 관여하는 영리 활동은 금전적 이익을 위해 재화의 생산을 늘릴 수도 있고 줄일 수도 있습니다. 새로운 기술이 개발되어 신제품이 출시될 수 있는 상황에서, 기업들이 기존의 제품을 좀 더 판매하기 위해 새로운 기술 개발을 늦추고 신제품 출시를 늦추기도 하는데, 이것이 바로 금전적 이익을 위해 생산력 발전을 늦추는 경우에 해당합니다. 금전적 이익이 된다면 노동력을 대거 고용할 수도 있고 부당하게 해고할 수도 있습니다. 금전적 이익이 된다면 신규 산업에 투자할 수도 있지만, 한창 진행 중인 산업에서 매정하게 투자금을 회수할 수도 있습니다.

산업 활동과 구별되는 영리 활동의 대표적인 사례가 금융 기업가들의 이윤 추구 활동입니다. 2008년 미국 금융 시장의 위기는 기업의 영리 활동이 사회 발전과 관계없다는 것을 보여 줍니다. 주택 담보로 대출을 해 주는 모기지 대출 상품은 이자율이 높기 때문에 은행에게는 많은 이익을 안겨 줍니다. 하지만 금융 상환 능력이 부족한 소비자에게 이러한 대출 상품을 판매했을 때 소비자도 기업도 큰 타격을 입을 수 있습니다. 하지만 미국의 금융

회사들은 소비자의 대출금 상환 능력과 상관없이 무분별하게 모기지 대출 상품을 판매하여, 당장의 높은 이자를 통해 이윤을 챙기기에 급급했습니다. 이러한 과도한 판매의 결과 수많은 금융 기업이 문을 닫았고 소비자들은 빚더미에 앉게 되었습니다.

기업가의 이윤 추구 과정이 사회 발전과 관계없다는 사례는 다양하게 발견됩니다. 대량으로 쇠고기를 생산하기 위한 기업의 이윤 추구 결과가 광우병이라는 위협적인 병을 만들어 낸 사례도 여기에 해당합니다. 원래 초식 동물인 소를 크고 빠르게 성장시키기 위해 대규모 축산업자들이 고안해 낸 것이 육골분 사료입니다. 소나 양 등의 고기와 뼈를 갈아 건초에 섞어 만든 사료를 먹은 소가 광우병에 걸리고, 이 소를 식용한 사람들 중 광우병 환자가 발생하는 무서운 일이 일어

났지요.

하지만 여러분은 이렇게 질문할 것입니다.

"베블런 선생님, 물론 금융 기업가들과 축산업자들 중 무분별하게 이윤을 추구하려다 사회에 해악을 끼친 경우도 있지만, 대부분의 기업가들은 산업에 자본을 투자하고 생산 설비를 확충해서 생산력 발전에 기여하고 있지 않은가요?"

물론 그렇습니다. 기업가들은 자신의 돈을 투자해서 공장 설비를 사들이고 생산 라인을 확대하기도 합니다. 자본을 투자해서 더 많은 노동력을 구입하면 자연히 일자리도 늘어나는 것이지요.

하지만 그 모든 투자 역시 그 목적이 생산력의 발전이나 산업의 발전이 아닌 '금전적 이익'이라는 점을 말하고 싶군요. 기업가의 투자 목적이 산업의 발전이 아닌 '금전적 이익'과 '금전의 축적'이라는 점은, 더 많은 돈을 벌기 위해서 산업의 발전과 무관한 행위를 할 가능성을 항상 가지고 있다는 점을 말해 줍니다. 때문에 기업가는 종종 생산력을 늦추는 데 더 많은 노력을 기울일 수도 있습니다.

미국에 나이키라는 유명한 운동화 회사가 있습니다. 이 회사의 경영자는 더 값싼 노동력을 찾아 인도네시아에 공장을 세웠습니다. 물론 새로운 생산 설비에 투자했고 새로운 공장 부지도 마련하는 등 신규 투자를 했지요. 하지만 인도네시아에서 값싼 노동력을 찾다 보니 아동을 고용하여 무리한 노동을 시켜 세계적으로 비난을 받는 일이 발생했습니다. 또한 본래 있었던 미국의 나이키 공장은 축소되거나 문을 닫아야 하는 상황이 발생해 실업자가 늘었습니다. 나이키의 경영자가 미국의 숙련된 노동자를 버리고 미숙한 인도네시아의 나이 어린 노동자를 찾아 공장을 세운 이유는 무엇일까요? 이유는 단 하나, 값싼 노동력을 고용해서 더 많은 금전적 이익을 챙기고자 한 것뿐입니다. 나이키는 세계적으로 가장 잘 팔리는 운동화 브랜드입니다. 운동화로 가장 많은 돈을 벌었다고 볼 수 있는 회사이지요. 그 회사가 이윤을 추구하는 방식은 해당 사회의 발전에 도움을 주는 것과는 관련이 없습니다. 단지 더 많은 돈을 벌어들이는 것뿐이지요.

이는 나이키뿐만이 아닙니다. 세계화 시대의 수많은 거대 기업이 추구하는 것은 자국민의 삶의 질을 효과적으로 높여 가는 산업의 발전이 아닙니다. 국경을 초월해서 더 적은 비용으로 더 많은 금전적 이익을 챙기고자 할 뿐입니다. 그러다 보니 사회적으로 실업률이 증가해도 더 값싼 노동력을 찾아 개발 도상국에 공장을 세웁니다. 매출이 신장해도 정규직보다 비정규직을 더 늘리고 퇴직 연령을 낮춥니다. 질 좋은 상품 개발에 투자하기보다 광고 제작비에 더 많은 투자를 해서 소비자에게 비싼 가격에 상품을 판매하기 위해 노력합니다. 그러다 보니 기업가가 더 많은 금전적 이익을 가지게 될수록 실업자는 늘어 가고 빈부 격차는 커지기만 하는 것입니다. 이것은 애덤 스미스의 말처럼 기업이 자기 이윤만 챙기면 자연히 사회 전체 이익이 증대된다는 것과는 거리가 먼 이야기입니다.

또한 나는 기업가의 영리 활동이 바로 생산 활동이라고 볼 수 없기에 기업가의 이윤 추구와 사회의 전체 이익은 관련이 없다고 봅니다. 그렇다면 기업가는 생산 활동에 직접 참여하는 것도 아닌데 어떻게 회사 이익의 많은 부분을 차지할 수 있을까요?

여기에 대한 나의 대답을 먼저 말하자면 이렇습니다.

"기업가가 회사의 많은 이익을 차지하는 이유는 그가 생산 과정에서 능력을 발휘했기 때문이 아니라 그가 소유하고 있는 것이 매우 중요하다는 오해 때문이다."

기업가, 혹은 자본가가 소유하고 있는 것은 무엇일까요? 공장, 설비, 원료를 공급할 수 있는 돈 등이겠지요. 이것을 우리는 '자본재'라고 합니다. 자본재가 상품을 생산하는 데 중요한 역할을 한다는 통념이 기업가의 이익을 당연하게 여기게 합니다. 물론 현대의 기업가들은 자본재만 가진 것이 아닙니다. '주식'이라는 형태의 회사의 지분도 많이 소유하고 있습니다. 그가 소유하고 있는 것들이 그가 더 많은 것을 가져갈 수 있게 해 줍니다. 그리고 무엇보다 애초에 기업가, 자본가는 사람들이 중시하는 '자본재'를 구입할 수 있는 재산을 축적한 사람들입니다.

자본재
자본재는 생산에 투입되는 건물이나 기계, 도구 등의 생산 요소를 말합니다. 자본재는 인간의 노동이나 다른 자본재에 의해 후천적으로 생산된 생산 요소라는 점에서 다른 생산 요소(노동, 토지)와는 차별성을 갖습니다.

나는 먼저 기업가인 자본가들이 재산을 축적한 과정을 설명해 보고자 합니다. 이를 위해 소유권에 대한 고민을 먼저 하도록 하겠습니다. 그다음에 그들이 소유한 자본재가 생산 활동에 어느만큼의 역할을 하는지 파헤쳐 보도록 하겠습니다. 결국 두 가지를 통해 자본가들의 소유와 그 소유가 미치는 영향이 얼마나 과장된 것인지 밝히고자 합니다.

소유권은 어떻게 정당화될까?

여러분은 상속세가 정당하다고 생각합니까? 상속세가 뭐냐고요? 상속세는 부자가 자식에게 재산을 상속할 때 상당한 액수의 금액을 세금으로 내는 제도입니다. 많은 나라에서 논란이 되거나 폐지하고 있지요. 한국은 상속세가 존재합니다. 부모가 5억 원 이상의 재산을 자식에게 상속할 때 상속하는 재산의 30% 상당의 금전을 세금으로 내놓아야 합니다.

너무 심하다고요? 자식을 편안히 살게 하고픈 마음을 무시하는 것이라고요? 하지만 내가 부자인 부모로부터 재산을 물려받는다면 그 재산에 대한 소유권은 어떻게 정당화될 수 있을까요? 단지 자식이고 가족이었다는 이유만으로 나의 노력과 상관없이 축적된 재산을 나의 소유로 만들 수 있는 걸까요?

이 문제는 그리 쉽지 않습니다. 상속된 재산을 '불로 소득'이라고 보기에 사회적 불평등을 비판하는 입장에서는 상속세를 적극 지지합니다. 반면 개인의 사유 재산의 자유를 적극 지지하는 입장에서는 상속하는 주체의 자유의사를 일차적으로 존중하고 있지요.

> **불로 소득**
> 스스로 일을 하지 않고 벌어들이는 소득을 말합니다.

나는 이 문제를 '상속받는 자의 소유권'에 국한해서 보지 말고 '상속하는 자의 소유권'까지 넓혀서 생각해 보려고 합니다. 다시 말해, 우리 사회에서 부자가 어떻게 재산을 소유하게 되었는지를 따져 보고자 합니다.

서구의 학자들 중 소유권에 대해 가장 많은 공부를 한 사람은 로크라는 사회학자입니다. 로크는 최초의 소유의 기원을 '노동'과 연관 지어 설명했습니다.

"신 앞에 모든 인간은 세상의 사물을 공유하고 있지만, 노동을 한 자는 노동을 통해 그 사물을 소유할 수 있으며 그의 노동이 부과한 것으로 인해 타인의 권리를 배제하고 노동이 첨가된 것에 대한 **배타적 권리**를 가지게 된다."

17세기에 활동한 로크는 이렇듯 자연 상태의 사물에 노동을 투여한 자가 그것을 소유할 권리가 있다고 주장했습니다. 이러한 소유권에 대한 로크의 주장이 오늘날까지 주목받는 이유는 자연을 유용하게 사용하는 데 앞장섰던 게 기업가이기 때문입니다. 탄광을 개발하고 석유를 개발하고 공장을 짓고 생산 설비를 만들고 그로부터 유용한 상품을 만들었던 사람들이 기업가들이기 때문이지요. 그 노력에 대한 대가로 공장, 땅, 생산 설비에 대한 소유권이 인정되어 왔던 것입니다.

하지만 지난 시대를 통틀어 불모지를 개간하여 그곳을 생산 가능한 공간으로 만들고 새로운 것을 창조해 내는 노력을 기울여 그에 대한 소유권을 인정받은 경우는 극히 드물지요. 어느 시대에나 부는 개인의 노력에 의해서보다 약탈에 의해서 그리고 그것을 세습하는 과정을 통해 획득되었고, 그 과정에서 부에 대한 소유권도 강화되었습니다.

서덜랜드의 인클로저 운동

소유권이 약탈의 과정임을 보여 주는 대표적인 사건이 1814년부터 1820년까지 영국 서덜랜드 지역에서 일어났습니다. 19세기 초 영국 서덜랜드 지역에는 많은 농민들이 여전히 농토를 경작하며 살고 있었습니다. 유럽의 농민들이 수백 년 동안 경작해 온 땅은 엄밀한 의미에서 그 누구의 소유도 아니었습니다. 땅에 대한 권리를 가지고 있었던 영주들은 왕으로부터 인정받은 '토지의 사용권'을 가지고 있었지요. 이 토지의 사용권은 소유권과는 달리 땅을 이용해서 농산물을 수확할 권리에 해당합니다. 소유권이란 땅을 농사 이외의 다른 용도로 변경하거나 다른 이에게 판매할 권리까지 포함하는 것이지요. 땅에 대한 사용권이 영주들에게 있었다면, 농민들에게는 땅에서 농사지을 권리, '경작권'이 있었습니다. 수백 년 동안 조상 대대로 농사를 지어 생산 활동을 해 온 농민에게서 농사지을 권리를 함부로 빼앗을 수는 없다는 것이 중세 사회의 불문율이었지요.

그런데 어느 날 서덜랜드 지역의 토지마다 울타리가 쳐지기 시작했습니다. 정부 관리는 "이 땅은 서덜랜드 공작 부인의 소유가 됐으며, 이곳에서 양을 기르려고 울타리를 친 것이니 더 이상 농사를 지을 수 없다"고 이야기했습니다. 마을 사람들은 수백 년도 넘게 농사를 지어 온 땅에서 쫓겨나야 한다는 것을 믿을 수 없었습니다. 일은 여기서 그치지 않고 농민들이 자유롭게 사용했던 마을의 공유지마저 서덜랜드 공작 부인의 소유가 돼 버렸습니다. 즉, 소나 말, 양에게 풀을

뜯어 먹이던 마을 공동의 땅마저 개인 소유가 돼 버렸던 것이지요.

이렇게 해서 1814년부터 1820년까지 1만 5000명의 주민이 서덜랜드 지역에서 쫓겨납니다. 서덜랜드 공작 부인은 농민들이 살던 집까지 모조리 불태워 목초지를 만듭니다. 1만 5000명의 서덜랜드 주민은 모두 어디로 갔을까요? 그들은 갈 곳이 없었습니다. 그들은 도시로 이주해 골목골목을 메우며 먹고 자는 노숙자가 되거나, 농촌 지역에 들어서는 공장으로 갔습니다.

이렇게 농민들이 도시 빈민이 된 경우는 서덜랜드 지역에서만 있었던 일이 아니었습니다. 18~19세기 영국 전역의 수많은 농지가 양을 키우기 위한 목초지로 변했습니다. 그 결과 영국 인구의 3분의 1

이상이 도시로 일자리를 구하기 위해 떠났습니다.

영국은 16세기부터 19세기에 이르기까지 국가에서 귀족에게 땅을 소유할 권리를 인정해 주는 법을 제정해 왔습니다. 국가가 영주를 비롯한 재력이 있는 귀족에게 땅에 대한 개인 소유를 인정하고 그만큼의 금전적인 대가를 얻었던 것이지요.

당시 영국은 오래전부터 식민지를 만들어 왔습니다. 식민지에서 생산된 곡물을 싼값에 영국에 들여올 수가 있었지요. 그러니 곡물 가격이 내려갈 수밖에 없었습니다. 곡물 가격이 내려간다면 애써 농사를 지어도 제값을 받고 팔 수 없기 때문에 손해를 보게 됩니다. 동시에 영국은 국가가 앞장서서 섬유 공업을 지원하고 육성했습니다. 나날이 규모가 커지는 섬유 공업 때문에 섬유 공업의 원료가 되는 양털의 가격도 오르게 됩니다.

서덜랜드 공작 부인과 같이 국가로부터 땅을 사들인 귀족은 땅에서 농사를 짓는 것보다 양털을 팔아서 얻게 되는 이익이 더 많다는 것을 알게 됩니다. 이들은 자신의 토지에 울타리를 치고 농민들이 드나들지 못하게 합니다. 농민들이 사용했던 공터마저 사들여 더 많은 양을 기르려고 합니다. 공업을 육성하는 데 앞장서던 국가는 이를 허용해 주고 오히려 더욱 장려합니다.

이렇게 해서 토지에는 길고 긴 울타리가 생겨납니다. 19세기 영국을 중심으로 이렇게 자기 땅에 울타리를 치고 농민을 그 밖으로 쫓아낸 사건을 '인클로저 운동'이라고 합니다.

이렇게 중세 말 영국을 중심으로 유럽의 많은 나라가 귀족이나 신홍 부자에게 땅의 소유권을 인정하는 법률을 제정했고, 수백 년 동안 생산력을 발전시켜 온 농민들은 아무런 권리도 얻지 못하게 되었습니다. 그 대표적인 사건이 소위 '울타리 치기 운동'인 '인클로저 운동' 입니다. 이 운동을 통해 국가가 수백 년 동안 인정해 왔던 농민의 경작권은 무용지물이 되었습니다. 뿐만 아니라 수백 년 동안 농민이 축적해 온 생산 기술 역시 무용지물이 되었습니다. 단지 더 많은 돈을 축적하겠다는 지주의 욕심을 채우기 위해서 말이지요.

나는 앞서 두 번째 수업에서 최초의 소유권이 약탈적인 야만 시대에 유한계급이 여성을 노예화하면서 발생했다고 설명했습니다. 로크는 소유권의 정당성을 '투여한 노동'에서 찾고 있지만, 앞에서 살펴본대로 최초의 소유권은 여성 노동에 대한 소유권이었고, 이는 다른 부족에 대한 약탈을 통해 이루어졌습니다. 그 후 유한계급의 재산 축적 과정 역시 그가 노동을 투여한 결과가 아닌 약탈의 결과물인 노예의 생산 활동으로 이루어졌습니다. 중세 말 인클로저 운동과 같이 농민의 삶의 기반을 뿌리째 뽑아 버리면서 땅을 소유하고 돈벌이로만 사용했던 지주의 행위 역시 약탈 행위와 다르지 않습니다. 이는 자본주의가 자본을 축적하던 전 과정에서 쉽게 찾아볼 수 있습니다. 인디언의 삶의 터전인 아메리카 대자연을 개인의 소유로 만들기 위해 벌였던 수많은 약탈과 학살의 과정이나, 더 많은 부를 축적하기 위해 흑인을 동물처럼 사냥해서 사탕수수밭의 노예로 만든 일, 아시아와 아프리카를 식민지로 개척하고 무차별적인 약탈을 했던 일. 이러한 사건들은 미개한 야만 시대의 이야기가 아니라 자본주의가 성장하던 18~19세기에 벌어진 일들입니다. 이러한 약탈 행위가 자연에 대한, 인간 노동력에 대한 소유권을 인정받는 과정이었습니다. 바로 이러한 소유권의 인정이 그 소유물을 통한 이익을 정당화시켜 주었습니다.

생산력을 좌우하는 것은 '산업 기술의 발전 상태'

그렇다면 현대 자본주의는 다를까요?

자본의 축적의 역사가 어찌 되었든지 간에, 현대 자본가에 속하는 기업가는 무엇에 대한 소유권을 기반으로 이익을 얻을 수 있는 걸까요? 기업가가 소유한 자본재에 대한 소유권 때문에 이익을 얻게 됩니다. 공장, 공장에 있는 생산 설비, 원료와 같은 것을 '자본재'라고 합니다. 바로 기업가가 소유하고 있는 것이지요. 우리는 이 자본재가 생산 활동에 결정적인 역할을 한다고 믿기 때문에 생산 활동의 결과 발생하는 이익의 많은 부분을 기업가가 차지하는 것이 합리적이라고 생각합니다.

이에 대해 신고전파 경제학자들은 이렇게 주장합니다.

"자본가든 노동자든 생산성에 기여하는 만큼을 분배받는다. 즉, 생산에 기여하는 생산 요소들(원료, 생산 설비, 기술, 노동력 등)이 생산 결과에 얼마만큼 기여했는지를 수치상으로 정확하게 산출할 수 있으며, 그 기여도만큼 분배받는 것은 정당하다. 자본도 노동처럼 그 생산성의 기여도만큼 소득으로 주어지는 이상, 자본가가 자본재를 소유하기에 노동자보다 더 생산적인 존재임에 틀림없다."

말하자면 자동차 부품을 생산하는 기계와 장난감을 만드는 기계, 밀가루를 만드는 기계는 분명히 서로 다른 비용을 요구합니다. 또 각각의 기계를 다루는 노동력 또한 서로 다른 가치를 가지고 있습니다. 이 모든 비용을 화폐 단위로 환산하여 그 비중을 계산한 다음 생산물의 최종 매출 역시 그와 비례하여 계산 가능하다는 것이지요.

이러한 신고전파의 이론이 유지되려면 생산 과정이 철저히 물질적인 것이며 정확히 규정된 물리적 수량을 가지는 것이어야 합니다. 그런데 생산이란 애초부터 개별 물질의 투입으로 산출되기 어려운 전체적인 사회적 산물이라고 할 수 있습니다.

이를 이해하기 위해 20세기 포드 자동차가 개발한 **벨트 컨베이어** 시스템을 생각해 봅시다. 1920년대 포드 자동차는 열 명이 한 조를 구성해서 자동차를 완성했습니다. 자동차의 부품을 맞추고 엔진을 달고 자동차의 문짝을 달고 마지막 칠을 하는 과정까지 열 명이 함께 의논하고 완성해 갔습니다.

벨트 컨베이어
두 개의 바퀴에 벨트를 걸어 돌리면서 물건을 운반할 수 있도록 만든 장치입니다.

그러나 포드 자동차 사장은 빠른 시간 안에 더 많은 자동차를 만들 수 있는 방법을 고민했습니다. 그는 운동장만 한 거대한 작업장에 원형의 작업대를 만듭니다. 그리고 그 작업대가 벨트처럼 움직이게 설계했습니다. 그리고 각각의 자동차를 만드는 과정을 세분화해서, 벨트마다 구간을 정해 한 구간에서는 같은 작업만 반복하도록 한 것입니다. 원형 벨트 위에서 미완성된 자동차가 움직이는 동안, 작업하는 노동자는 자신의 구역으로 이동해 온 자동차에 대해 한 가지 작업만 반복해서 하면 되는 것입니다. 나사를 조이는 사람은 자기 앞으로 온 자동차의 나사를 조이고, 다음 자동차가 자기 앞으로 움직여 오면 또 나사만 조이는 것이지요. 페인트칠을 하는 사람은 페인트칠만 하면 되는 것입니다.

이렇게 포드 자동차는 벨트 컨베이어 시스템을 도입해 세분화된 분업으로 생산량을 증대시킵니다. 짧은 시간 안에 최대의 생산을 해내는 것, 바로 효율성의 시대가 열린 것입니다. 1920년대에 획기적인 대량 생산을 가능하게 한 포드의 벨트 컨베이어 시스템은 이후 모든 산업 분야에 활용됩니다.

1920년대에 벨트 컨베이어 시스템이 성공한 것은 포드 회장의 빛나는 아이디어 때문이었을까요? 벨트 컨베이어 시스템이 포드의 매출을 끌어올린 첫 번째 요건은, 그 당시의 사회가 '대량 생산, 대량 소비'를 가능하게 했던 시대였기 때문입니다. 1920년만 해도 여전히 자동차는 사치품에 해당할 만큼 가격이 비싸서 일반 소비자들이 구매하기에 부담스러웠습니다. 먼 거리 이동이 잦은 미국인들에게 '값싸고 실용적인 자동차'는 누구나 희망하는 것이었습니다. 과시의 수단이었던 자동차가, 미국인들에게는 생활에 반드시 필요한 필수재로서 부각되고 있었던 것이지요. 만약 당시 사회가 반대로 **다품종 소량 생산**을 요구하는 사회였다면 포드 자동차는 적자를 면치 못했을

> **다품종 소량 생산**
> 동일한 생산 시설을 이용해서 많은 품종을 각각 소량씩 생산하는 방식입니다. 규모가 작은 공장에서 주로 이용하는 방식으로 주문이 들어오면 그때마다 생산이 이루어지는 체계의 일반적인 방식입니다.

것입니다.

　두 번째 성공 요건은, 노동자의 노동 기술의 축적의 결과를 활용했기 때문입니다. 우리는 흔히 기계가 먼저이고 노동자가 기계에 적응해 가며 노동을 한다고 생각합니다. 하지만 대량 생산을 가능하게 했던 모든 기계는 노동자의 노동을 본뜬 결과입니다. 노동자의 기술적인 작업이 성공할 때마다 그것은 기계로 대체되어 빠른 생산을 가능하게 했습니다. 즉, 기술적인 작업의 완성 결과가 기계로 만들어졌지요. 포드 자동차도 마찬가지입니다. 처음에 열 명이 한 조가 되어 자동차를 완성했을 때, 이미 수많은 시행착오를 거치고 연구하여 새롭게 수정을 더한 과정이 있었습니다. 벨트 컨베이어 시스템 역시 하나의 자동차를 완벽하게 생산하는 기술적인 노동 과정이 완성된 후에야 노동의 전 과정을 세분화하여 분리해 놓을 수 있었습니다.

　이렇게 생산에서 가장 중요한 역할을 하는 것은 원료나 생산 설비가 아닙니다. 생산에서 가장 중요한 역할을 하는 것은 그 사회의 '축적된 기술의 상태'입니다. 이것은 하나의 물질적 요소로 쪼갤 수 없는 비물질적인 요소입니다. 생각해 보세요. 20년 전, 혹은 10년 전에 스마트폰이 출시됐다면 지금처럼 인기를 끌었을까요? 스마트폰을 생산할 수 있는 설비, 원료 등의 물질적 장비들이 갖추어졌다 해도 지금처럼 너도나도 스마트폰을 갖고 싶어 하지 않았을 것입니다. 정보 통신 기술의 상태, 소비자들의 소통 방식, 인터넷 활용 속도와 넓이 등의 기술적·문화적 조건이 현재와 같지 않기에, 20년 전에 만들어진 스마트폰은 쓸모없는 물건이었을 것입니다. 마찬가지로 반도체를 생산하는 공장을 내가 살던 19세기로 옮겨 놓는다면 고철 덩어리에 지나지 않을 것입니다. 그 공장을 작동시키지도 못할 것이고, 작동시켜 반도체를 생산해도 아무런 쓸모가 없을 테니까요. 결국 어떤 물체가 경제적으로 유용한 자본재로 전환되는 것은 당시의 '산업 기술의 발전 상태'가 결정해 줍니다.

따라서 기업가가 소유하고 있는 토지, 공장 설비, 원료 등의 물질적인 장비들 자체가 생산을 발전시키는 데 결정적인 역할을 하는 것은 아닙니다. 오히려 생산에서 가장 중요한 역할을 하는 것은 비물질적 장비들입니다. 자본가가 투자한다는 물질적 자본재는 생산에 필수적이긴 하지만 사회적·문화적 과정 속의 일부분일 뿐 그 자체로는 아무런 생산력도 지니지 못했습니다.

산업 기술의 상태는 인류 공동 자원

그렇다면 생산에 가장 결정적인 역할을 하는 '산업 기술의 상태'는 누구의 노력의 결과입니까? 그것은 개인이 노력한 결과가 아니지요. 자본재의 가치를 결정짓는 산업 기술의 상태는 해당 사회의 문화와 기술의 총체적인 경험이 만들어 낸 것입니다. 한마디로 누구의 소유도 될 수 없는 공동의 자산이지요.

인간은 결코 개인으로 고립된 채 자급자족하는 식으로 살지 않습니다. 고립된 채로 삶을 영위하는 것은 개인이건 가정이건 경제건 가능하지 않습니다. 인류의 기초적인 발명품들, 언어, 불의 사용법, 도구의 사용법 등에서부터 오늘날의 최신 기계 설비의 사용법까지, 이러한 수단 방법에 대한 지식과 짝을 이루는 것이 생계에 필요한 재료의 물질적 속성에 대한 실용적 지식입니다. 이 둘은 항상 짝을 이루어 발전했고 그 지식의 양도 한 개인이 자기 혼자의 경험, 또는 배움을 통해서 얻을 수 있는 양을 훨씬 넘습니다. 이러한 생계의 수단과 방법에 대한 정보와 기술은 집단 전체의 소유입니다. 나는 이러한 지식을 생산에 있어서 '비물질적 장비'라고 이름 지었습니다. 즉, 공동체의 '무형 자산'이라고 볼 수 있습니다.

개인의 창조성에 기반했다고 알려져 있는 발명과 발견들은 그때까지 축적된 인류의 공동 지식에 한 걸음 정도를 더한 것에 불과합니다. 공동체 전체 지식이 토대를 제공하지 않는 한 어떠한 개인도 신기술을 발명할 수는 없을 것입니다.

결국 우리가 이름 지은 '자본재'라는 것도 공동의 지식에 기반하고 있는 것이지요. 도구, 운반 시설, 원자재, 건물, 하수도, 토지 생산 설비 등은 자본재라고 할 수 있습니다. 초기 자본주의 시대에 자본재로서 중요한 비중을 차지한 것들 중에는 광물, 식물, 동물 등이 있었지요. 이것들이 경제적 재화로 사용될 수 있었던 것은 이들에 대한 인류 공동의 축적된 지식이 존재했기 때문입니다. 원시 시대부터 축적된 자연 상태에 대한 지식과 그것을 사용하는 방법과 수단에 대한 오랜 경험의 축적이 자본주의 초기에 광물, 식물, 동물을 유용한 자원으로 이용할 수 있는 토대를 제공했던 것이지요. 자본재 중 중요한 생산 설비도 앞서 설명했듯이 오랜 시간 인간의 노동이 축적된 기술적 성과물이라고 볼 수 있습니다.

따라서 인류 공동의 무형 자산을 활용하지 않고서는 자본가가 소유한 자본재로 경제적 가치를 만들기 어려운 것입니다. 특히 자본재에 해당하는 원료든 생산 설비든, 노동이 투여되지 않는 한 아무런 가치도 생산할 수가 없습니다.

따라서 자본재를 소유한 기업가가 회사의 생산 결과에 대해 많은 부분을 차지하는 것은 그가 소유한 자본재의 유용성과는 관계없습니다. 단지 기업가가 회사의 생산물에 대한 소유권을 행사하는 부당한 권한을 가지고 있기 때문에 이익의 많은 부분을 차지할 뿐이지요. 우리가 흔히 '회사의 주인은 누구인가?'라는 질문에 '회사원 모두!'라고 대답하는 걸 식상하게 여기고, 사실 회사의 소유권은 회장에게 있다고 생각하는 암암리에 통용되는 상식이, 그토록 많은 이익을 회장에게 챙겨 주게 되는 것이지요.

사장은 어떻게 돈을 벌까?

우리가 회장이 더 많은 것을 가져가는 것에 동의하는 이유 중에는 자본재의 소유권뿐만 아니라 그가 '경영'이라는 중요한 노동을 하고 있기 때문이라는 생각도 포함되어 있습니다. 회사의 상품을 잘 판매하기 위해서 마케팅 전략을 짜고 광고 회사와 밤샘 회의를 하고 판로를 개척하기 위해 외국 출장도 다니는 등 열심히 일하고 있으니까요. 노동자가 보지 않는 사이에 공장 설비도 직접 둘러보며 점검하고, 필요한 설비를 계획하고 설치하는 등 중요한 일을 하고 있다고 믿고 있기 때문입니다.

이렇듯 기업가가 생산 활동을 위한 다양한 활동을 주 업무로 한다는 것은 드라마와 같은 이야기라고 봅니다. 현대 산업 사회에서 기업가들이 주로 하는 일은 자기 이익을 유지하기 위해 정보를 교환하는 사교 모임, 관리자들이 모두 해 놓은 일에 대한 일괄 보고, 여전히 유한계급으로서의 과시적 여행 등이라고 할 수 있습니다.

우리가 경영자로서의 기업가가 생산적인 활동에 참가하고 있다고 오해하는 이유는, 자본주의 초기 수공업 체제에서의 사장의 역할을 머릿속에 그리고 있기 때문이라고 봅니다. 자본주의 초기에 유럽의 소규모 수공업 체계의 공장이 상업적인 수완을 발휘해 제법 큰 회사로 성장했던 사례를 떠올려 봅시다. 열 명 안팎의 기술자를 거느리고 직접 생산에도 참가했던 장인이 상품 주문이 늘어나자 공장을 관리하면서 직접 상인의 역할을 하며, 시장에서의 활동에도 참여합니다. 상품을 기획하고 제작하는 것을 지휘하고 시장에서의 판로까지 책임지던 장인은, 점차 공장의 주인, 사장의 역할을 맡게 됩니다. 생산 과정, 판매 과정, 원료 구입의 전 과정을 분화시켜 책임자를 구하고 역할을 분배하지만 이 모든 과정에서 손을 떼지 않았지요.

상품의 거래량이 많아질수록 사장은 공장 관리보다 상품을 판매하는 상인의 역할을 더 많이 수행하게 됩니다. 더 많은 수량의 거래를 더 먼 거리, 더 긴 시간 수행할 필요성이 생기자, 그 일을 맡은 사장은 직접 생산 과정을 관리하는 일로부터 멀어지게 됩니다. 물건 취급과 운반, 판매와 구매까지도 하청인, 화물 관리인이 관리하게 되었고, 이러한 과정이 그 상인의 손을 직접 거치지 않더라도 여전히 그의 소유권 아래 있는 것으로 통했습니다. 그리하여 상인은 떠돌이 상인에서 '상인 군주'가 되고, 교역이라는 직종은 산업적인 직종이 아닌 '영리 기업 활동'이 됩니다. 하지만 당시의 상인들은 자신이 취급하는 물물 거래와 계속 긴밀한 접촉을 유지했고, 이는 그 상품을 공급해 주는 생산적인 산업과도 마찬가지였습니다. 이렇게 상업적 투자는 상업적 기업 활동의 성격을 취하게 되고, 상업적 투자를 통해 생산 활동에 관여하지 않으면서도 취급하는 모든 상품과 설비에 대한 소유권이 확립되었습니다.

특히 오늘날처럼 유통, 원료 공급, 생산 관리, 무역의 전 과정이 대규모로 진행되는 사회에서는 사장이나 회장이 전 과정에 직접 관여하여 활동하지는 않습니다. 오히려 회장은 전 과정에 대한 전문적인 지식이 없어도 유능한 관리자만 고용하면 그 모든 과정이 원활하게 돌아가지요.

이렇게 생산 활동에 기여하지 않으면서도 생산 과정과 그 생산물로 인한 수익에 대한 소유권을 인정받는 것을 나는 '부재 소유(不在所有, absentee ownership)'라고 이름 지었습니다. 생산 과정에 존재하지 않지만 소유를 인정받는다는 점에서 로크가 주장한 소유권에 위배되는 것이지요. 마치 한국의 일제 시대 지주나 중세 유럽의 영주가 생산 활동에 참여함이 없이 땅에 대한 소유권을 주장하고 생산물의 이익을 챙겼던 '부재 지주'였던 것처럼, 현대의 기업가들 역시 '부재 소유자'

라고 할 수 있습니다.

　이것이 내가 기업가 역시 현대 사회의 유한계급이라고 주장하는 이유입니다. 자본가, 기업가는 비생산적인 활동으로 자신의 힘을 과시하는 강력한 유한계급입니다. 자신의 영리 활동에 온 힘을 쏟기에 생산 활동도 영리 활동의 목적에 맞을 때 관심을 기울이는 사람들이지요. 물론 이들은 영리 활동에 많은 힘을 쏟는다는 점에서 이전 시대의 유한계급처럼 한가하지는 않지만, 생산적 활동을 목적으로 하지 않는다는 점에서 비생산적 활동을 하는 계급에 속합니다. 또한 금전적 이익을 추구하는 목적이 부의 과시를 통한 명예의 획득이라는 점도 유한계급의 특성 그대로입니다. 따라서 이들 역시 과시적 경쟁에 뛰어들어 서로 부의 우열을 끊임없이 가리려고 합니다. 500억 원 상당의 재산을 보유한 기업의 회장이 불법적인 방식으로 세금을 감면받고 상속세를 피하고자 하는 이유도, 더 치열한 금전적 과시 경쟁에 몰두하기 때문입니다.

　수업의 첫머리에서 여러분은 상속세에 대해 각자 생각해 보았을 것입니다. 이제 여러분의 답이 정해졌나요? 상속세라는 제도는, 어느 시대에나 부의 축적이 노력을 기울인 만큼 이루어지는 것은 아니라는 점, 재산에 대한 소유가 약탈적으로 이루어졌다는 점, 그 부가 상속을 통해 끊임없이 세습된다는 점을 문제점으로 제기하고 있습니다. 따라서 상속세란 노력 없이 취해지는 소득에 대한 한계적인 제한 조치이기도 하고, 우리 사회에서 부의 세습이 당연한 것은 아니라는 점을 각인시키는 제도일 수도 있습니다.

이번 수업에서는, 자본가인 기업가의 영리 활동은 산업 활동과 다르기에 그들의 영리 활동이 사회 이익과 관련 없다는 점과 그들이 소유한 자본재의 비유용성에 대해 주로 설명했습니다. 다음 수업에서는 유한계급 제도의 쇠퇴에 대해 설명할까 합니다. 유한계급 제도는 사회 발전과 충돌할 때 새로운 방향으로 변화할 수밖에 없습니다. 그렇게 되면 유한계급 제도는 쇠퇴할 수밖에 없겠지요. 그에 따라 기업가, 자본가의 운명도 기울 수밖에 없습니다.

치솟는 유가, 그 뒤에 숨은 자본의 탐욕

2012년에도 국제 유가는 계속 치솟고 있습니다. 한국은 이미 리터당 2000원대를 돌파했고, 미국 또한 갤런(3.8리터)당 4달러를 넘어 곧 5달러에 육박할 것으로 보도되면서, 가파른 국제 유가 상승의 배경에 관심이 쏠리고 있습니다. 이란 사태를 비롯한 중동 정세, 중국의 경제 규모 확대에 따른 수요 증대, 과연 이러한 기본적인 상승 요인 외에 또 다른 유가 상승의 주범은 없는 것일까요?

기름값은 수요 공급 법칙의 예외?

"(진짜) 전쟁은 경제에 나쁘지만, 전쟁 소문은 정유업계에 득이 된다"라고, 『월스트리트 저널』이 2012년 3월 '바이론 킹' 편집장의 말을 인용 보도했다. 그는 "그러한 소문이 가격을 급상승시키고 있으며, 특히 (일시적일지라도) 호르무즈 해협 봉쇄의 위협은 가격 상승을 더하고 있다"라고 말했다고, 『월스트리트 저널』은 전했습니다.

또한 이러한 요인이 사실이든 아니든, 사우디아라비아 등 석유 생산 국가에 대한 부정적인 소문이 나면 사실 확인을 기다리지도 않고 바로 가격이 치솟는 것이 유가 폭등의 가장 큰 이유 중의 하나라고 『허핑턴포스트』(2일 자)는 전했습니다. 『모닝스타』의 '밥 존슨' 경제 편집장 역시 "가장 파괴적인 것은 (치솟는) 유가가 아니라 소비자의 유가에 대한 두려움이다"라고 말했지요.

정유업체는 이러한 소비자의 불안 심리를 자극해서 두려움을 퍼뜨려 배를 불리고 있는 것입니다. 특히 정유업체가 현재 10달러에 원유를 도입했더라도 현재 소비자 가격이 12달러이면 그 가격에 내다 파는 방식을 고수하면서, 최대한 이윤을 추구하고 손실을 방지하는 데 주력하고 있는 것이 유가 상승의 또 다른 이유라는 것이지요. 이렇듯 유가 상승의 과정에는 수요와 공급의 법칙이 전혀 적용되고 있지 않습니다.

국제 원유가 인상의 주범─월 가의 탐욕

그런데 여기에 한술 더 떠 미국 월 가의 투기 자본이 가세하면서 상황은 더욱 악화되었습니다. '버니 샌더' 미 버몬트 주 상원 의원은 CNN에 기고한 글에서, 과거 10년간 1조 달러 이상의 막대한 수익을 올린 정유업계와 월스트리트의 검은 투자자들이 유가 상승의 주범이라고 말했습니다. 그는 10년 전에 30%에 불과하던 투자자들의 유가 시장 관여율이 현재는 80%에 달하고 있다며, 그들이 국제 원유 시장을 투기 목적으로 좌지우지하고 있다고 말했습니다. 이들은 원유가 있어야 하는 정유업체도 항공업체도 아니지만, 오직 이윤을 위하여 막대한 원유를 사재기함으로써 시세를 조정하고 막대한 차익을 남기고 있다는 것이지요. 그는 과거 2008년 유가 폭등 시기에도 배럴당 40달러 이상의 금액이 이들 사재기 투기 자본의 몫으로 돌아갔다고 밝혔습니다.

결국 월 가의 국제 투기 자본들은 위험이나 수익성에 대한 논리적인 평가를 하기보다는 자신들에게 유리한 방향으로만 예측해 투기를 진행해 나가면서 엄청난 수익을 올리기 위해 불안 심리를 자극하거나 그러한 방향에 유리한 '루머'를 퍼뜨리고 있는 것이지요.

출처: 오마이뉴스 2012년 3월 2일 자,
김원식 시민 기자 (http://blog.ohmynews.com/tongtii/)

유한계급은 영원할까?

유한계급은 생산 활동에 참여하지 않지만, 생산 활동을
조절하고 통제할 수 있는 힘을 가지고 있습니다. 생산량
의 조절과 통제는 유한계급에게 이익을 줄 수 있지만, 생
산 활동의 발전을 저해할 수도 있습니다. 생산 활동의 조
절이 유한계급에게 어떤 영향을 미칠까요? 이번 수업에
서 확인해 봅시다.

수능과 유명 대학교의 논술 연계

한양대학교 2013학년도 입학 전형 수시 2차 논술 문제

산업의 효율성을 억제하는 자본가

나보다 먼저 자본주의를 비판했던 마르크스는 자본가는 자기 이익을 위해 생산성을 발전시킨다고 주장했습니다. 자본가들은 늘 가격 경쟁에 시달리면서 이윤을 높여야 하기 때문에 항상 생산성을 향상시키려고 노력한다는 것이지요. 비록 그 결과 시장이 원하는 것보다 더 많은 상품을 생산, 공급하여 '비생산적'인 결과를 초래하게 된다고 보지만요.

그러나 내 생각에 자본가는 의도적으로 산업의 효율성을 방해합니다. 앞서 설명했던 포드 자동차를 떠올려 봅시다. 포드 자동차 회장이 투자한 벨트 컨베이어 시스템은 짧은 시간에 자동차를 대량 생산하기 위한 시스템이었습니다. 시간이 지나서 상대적으로 저렴한 포드 자동차를 구입한 소비자층이 포화 상태에 이르면 포드 자동차의 가격은 내려갈 수밖에 없습니다. 이때 회장이 취하는 방식은 생산량을 줄이고 노동자를 해고하는 것입니다. 시장에서 우위를 차지하게 된 회사는 생산량을 조절하고 통제하면서 자동차 가격이 하락하지 않도록 합니다. 거기에서 그치지 않고 소비자가 자동차를 자신의 부를 과시하는 수단으로 삼도록 광고를 통해 소비 욕구를 자극합니다. 자동차가 수명이 다할 때까지 새로운 자동차를 사지 않는다면 기업가의 순이익은 하락할 테니까요. 24개월 할부로 산 자동차의 할부금을 채 갚기도 전에 신제품을 비싼 가격에 출시합니다. 자동차 가격을 비싸게 책정하고 팔릴 만큼만 생산하면 기업가의 이익은 보장될 테니까요.

이러한 현상은 자동차 기업가에게만 국한되는 것이 아닙니다. 기업가는 사업 경영을 할 때 대부분 가격을 올림으로써 순이익을 증대시키고자 합니다. 이를 위한 가장 좋은 방법은 공급을 줄이는 것입니다. 시장에서 소화될 만큼의 상품만을 공급한다면 상품의 가격이 비싸더라도 소비자는 상품을 구매할 테니까요.

그런데 만약 시장에서 여러 기업이 경쟁하고 있다면 기업가가 원하는 대로 상품을 조금만 공급하고 비싼 가격에 판매할 수는 없을 것입니다. 다른 기업이 공급량을 늘리고 더 싼 가격에 상품을 판매한다면 비싼 가격에 조금만 공급한 기업의 상품은 팔리지 않을 테니까요. 그래서 기업들은 가능하면 시장을 독점하고 그 독점적인 지위를 이용해서 자기의 이윤을 높이고자 합니다. 이미 현대에는 소수 기업이 시장을 독점하고 있기에 이런 식의 이익을 보장하는 행위가 가능해집니다.

소수의 기업이 시장을 독점하고 있는 상황에서 기업은 비싼 가격으로 내놓은 상품에 소비자가 눈독을 들이게 하기만 하면 됩니다. 이때 기업에게 중요한 수단이 '광고'입니다. 기업은 끊임없이 신제품을 출시하고, 그 신제품의 가격은 점점 비싸집니다. 하지만 소비자들이 이미 가지고 있는 상품에 만족한다면 신제품을 빠르게 소비하지 않겠지요. 따라서 광고를 통해 지금 가지고 있는 세탁기보다, 자동차보다, 핸드폰보다, 노트북보다, 운동화보다 훨씬 희소 가치가 있는, 그래서 소비자의 과시욕을 채워 줄 수 있는 신제품이 나왔다는 것을 보여 주어야 합니다. 가장 짧은 시간에 가장 많은 사람에게 상품을 보여 주는 것이 바로 TV 광고입니다. 그래서 대기업들은 시청률이 가장 높은 프로그램의 시간대에 1초당 1억 원 이상을 지불하면서도 광고를 아끼지 않는 것입니다.

광고의 형태는 드라마나 영화, 쇼 프로그램을 활용하는 등 더욱 다양해지고 있습니다. 최근 드라마에서는 출연 배우가 광고 모델로 나오는 회사의 상품이 드라마의 소품처럼 배우와 함께 등장하는 장면을 종종 연출합니다. 배우가 광고하는 화장품이 드라마 속 스탠드 불빛 아래 선명하게 부각되어 나온다든지, 배우가 광고하는 냉장고 앞에서 배우가 긴 대사를 읊는 등, 드라마에 등장하는 음료, 가구, 자동차, 의상 등은 간접 광고의 효과를 크게 누리고 있습니다. 이러한 마케팅 전략을 PPL(product placement)이라고 부릅니다. 직접적으로 브랜

드를 노출하는 방식 외에도 이미지와 명칭을 간접적으로 드러내 관
객들에게 제품을 홍보하는 것이지요.

　이렇게 시청률이 높은 드라마에 기업의 상품을 배치하고 간접 광
고를 할 수 있는 것도 기업의 능력에 해당됩니다. 이 능력을 발휘하기
위해 기업은 드라마 제작에 투자하거나 다양한 협찬을 하지요. 실제
로 기업은 질 높은 생산을 위한 설비 투자보다 모델 캐스팅, 드라마나
영화의 섭외 등, 광고와 마케팅 분야에 더 많은 투자를 한다고 볼 수
있습니다.

　기업가는 이렇게 자기의 영리적 이익을 더욱 높이기 위해 생산물

의 가격을 높은 수준에서 유지하고 때로는 생산 속도를 늦추거나 중단하기도 합니다. 기업가는 자신의 영리 추구를 위해 생산 기술의 최대치보다 항상 아래의 수준에서 생산 활동이 이루어지도록 통제합니다. 이러한 통제가 가능한 이유는 시장을 소수 기업이 독점하고 있기에 과다한 경쟁을 회피할 수 있기 때문이기도 합니다.

그 결과 기업은 생산적인 투자의 비중을 줄이게 되고, 소비자는 상품의 질에 큰 차이가 없는 새로운 제품을 끊임없이 소비하기 위해 기존에 사용하던 제품을 끊임없이 버리는 낭비적이고 비생산적인 경제 활동을 하게 됩니다. 이것이 현대의 자본가 혹은 기업가 집단이 여전히 비생산적인 유한계급으로 분류되는 이유입니다.

회사의 이미지를 판다

이렇듯 자본가에게 수익이 주어지는 것은 생산적인 산업 활동의 결과라기보다는 그 생산 과정을 통제할 수 있는 권리가 있기 때문이며, 이를 위해서는 생산 활동을 늦추거나 통제해도 시장에서 이익을 보장받을 만큼 시장에서 힘을 가지고 있기 때문입니다. 독점적인 지위와 특권과 같은 강력한 힘은 자본가에게는 '실질적인 자산'의 역할을 하게 됩니다. 나는 이것을 '무형 자산'이라고 이름 지었습니다.

그렇다면 이 무형 자산은 어떤 것을 말하며 실제 자본가의 영리 추구 과정에서 어떤 역할을 할까요?

우리가 앞에서 이야기했던 '자본재(원료, 설비 등)'는 형태가 있는 유형 자산이라고 할 수 있습니다. 어떤 기업이 큰 수익의 흐름을 만들어 내는 데 기여하는 것은 구체적인 형태를 가진 기계 장비나 건물 등의 유형 자산만이 아닙니다. 그 기업이 다른 경쟁자들에 비해서 더 많은 수익을 거둘 수 있게 해 주는 무수히 다양한 사실 관계들이 있게 마련입니다. 그것은 기업의 좋은 이미지일 수도 있고 제도적으로 유리한 지위일 수도 있습니다. 이것은 기업가에게 실질적인 이익을 가져다준다는 의미에서 자산이 될 수 있습니다. 이러한 자산을 '무형 자산'이라고 할 수 있지요.

가장 대표적인 무형 자산은 시장에서의 독점적인 지위일 것입니다. 예를 들어 한국의 자동차 시장에서 가장 유리한 위치에 있는 현대 자동차, 전자 시장에서의 삼성 전자나 LG 전자 등은 해당 시장에서 가장 우세한 기업이라는 이미지 자체가 소비자들에게 그 기업의 상품을 선호하게 하는 무형 자산이 됩니다. 신종플루 백신을 개발한 제약 회사가 국민들의 건강을 좌우할 백신 기술에 특허권을 얻어 기술을 독점하고 있는 것 역시 무형 자산이라 할 수 있습니다. 백신 기술을 통해 생산되는 백신이 당장 벌어들이는 수익보다 독점권 때문에 앞으로 벌어들일 수익이 더 크다는 것은 불을 보듯 뻔한 일이지요. 따라서 백신을 생산하는 설비라는 유형의 자산보다 특허권이라는 무형의 자산이 제약 회사에게는 더욱 중요합니다.

특히 오늘날과 같은 주식 회사의 형태에서는 현재 보유하고 있는 유형 자산의 가치보다 무형 자산의 가치가 더욱 중요해집니다. 여러분의 부모님들이 관심을 갖는 '주식 시장'이라는 것이 있습니다. 본래 주식 회사란 그 회사가 소유하고 있는 항목들을 자산으로 간주하여 가치를 매기고 그 가치를 나누어 주주들이 소유하는 것입니다. 말하자면 기업의 유형 가치를 쪼개어 소유권을 나누어 갖는 것입니다. 그런데 오늘날과 같이 소유권이 유가 증권으로 주식 시장에서 매매되고 있는 상태에서는 회사의 자본 가치가 회사가 보유한 공장 설비 등과 같은 유형 자산에 대한 가치만을 의미하지 않습니다. 회사의 자본 가치란, 지금 당장 이 회사를 사들인다면 얼마의 가치를 매길 것인가, 즉 회사 전체의 총 가치를 의미하게 되었습니다. 기업의 가치가 주식이라는 형태로 시장에 나왔을 때, 주식의 시장 가치는 기업의 총 가치에 의해 결정되었습니다.

그런데 기업의 가치를 평가할 때 그 기업이 당장 보유하고 있는 자본재와 같은 유형 자산 가치보다 앞으로 기업이 얼마만큼의 수익을 창출할 것인가를 더욱 중요한 기준으로 보게 됩니다. 지금까지의 생산성은 기업을 평가하는 기준이 되겠지만, 그 기업의 주식을 살 때는 그 기업이 앞으로 창출할 수익의 흐름을 현재의 가치로 환산한 것을 기초로 주식 가격이 매겨지는 것입니다.

이렇게 기업의 무형 자산의 가치를 사고파는 시장이 금융 자본 시장입니다. 금융 자본 시장은 재화 시장과 큰 차이가 있습니다. 재화 시장의 경우에는 중간 상인이 있더라도 재화를 최종적으로 구입하는 사람의 목적은 '재화의 소비'입니다. 하지만 금융 자본 시장에서 최종적으로 협상을 벌이는 자가 자본을 구매하는 목적은 장래의 이윤을

기업의 가치는
하나의 기준으로
정해지는 것이 아니야.

미래의 가능성
외부의 경제 가치
유형의 자산
내용의 절서

기업의 가치

얻는 것입니다. 즉 그는 나중에 자본을 되팔기 위해 미리 사 두는 것이며, 이렇게 하는 이유는 그가 구매한 자본이 장래에 가져올 수익이 크기 때문입니다.

　재화 시장에 대상인이 존재하듯, 자본 시장에서 이와 같은 대상인의 역할을 하는 존재가 '투자 은행'입니다. 어떤 기업을 매물로 내놓고 거래할 것인가를 결정하는 것은 업계의 거물이나 대규모 금융 자본입니다. 이들은 재화 시장에서 대상인들이 자신의 이익을 높이기 위해 재화의 양과 가격을 조작하는 것과 마찬가지로, 기업의 자본 가치와 거래 조건을 유리하게 만들기 위해 조작 행위를 합니다.

　금융 자본이 자본의 가치를 조작하는 이유는 기업을 매매하는 과정에서 더 많은 차액을 남기기 위해서입니다. 매물로 나온 기업의 자본 가치를 떨어뜨려 매입하고 가치를 올려 판매하는 과정이 반복되어야 금융 자본은 자신의 자본을 지속적으로 축적할 수 있기 때문입니다. 이렇게 기업의 가치를 조작함으로써 이익을 축적한 금융 자본은 축적된 화폐를 다시 기업들에게 대출해 줌으로써 주식 회사를 통제하고 영향력을 행사하게 됩니다.

이렇게 금융 자본이 기업의 가치 평가를 좌지우지하면서, 오늘날 기업의 영리 활동에서 가장 큰 영향력을 행사하는 것은 재화를 생산하는 능력이 아니라 무형 자산의 가치를 인정받는 것이 되어 버렸습니다. 그로 인해 금융 자본과 기업의 영리 활동은 산업 활동으로부터 더욱 거리가 멀어지게 됩니다.

사회 진화를 가로막는 유한계급

오늘날 산업 체계는 여러 가지 다양하게 연관된 기계 과정을 포괄하는 조직 체계입니다. 그 기계의 과정들은 다른 기계의 과정들이 적절히 작동해야 스스로도 원활히 작동합니다. 모든 기계 간, 산업체 간에 의존적인 관계가 있는 것이지요. 따라서 이러한 산업 체계에서는 산업의 전문가, 즉 생산 기술자 간의 협력이 중요합니다. 이들은 생산의 직접적인 전략을 짜고 생산의 세밀한 전술을 감시하는 임무를 수행해야 합니다.

이러한 일들이 제대로 진행됐을 때 생산 기술 상태가 발전하며 그것은 문명 사회의 발전에 기여합니다. 따라서 문명 사회가 발전하기 위해서는 훈련과 통찰력을 지닌 기술적 전문가들이 자신의 사적 이익과는 무관하게 물질적 자원, 도구, 인력 등을 자유롭게 처리하는 권한을 가져야 합니다.

산업 사회 초기, 그러니까 기계 산업이 성장하는 동안에는 산업 전문가와 사업 경영자 간에 구분이 명확하지 않았습니다. 당시에는 기술적 문제에 관해 별다른 훈련을 받지 않은 사업가들도 어느 정도의 지식을 가지고 전체를 감독할 수 있었지요. 또한 자신이 투자하는 기계의 작동에 대해서도 비교적 자세하게 이해하고 있었습니다. 그러나 산업 사회 발전 초기부터 생산 과정을 설계하고 경영하는 사람과 상거래를 경영하고 설계하는 사람은 엄연히 다른 위치에 있게 됩니다. 상거래를 책임지는 경영자가 더 우위를 차지했지요. 그럼에도 당시에는 생산 과정을 총괄하는 기술적 전문가에게 생산 과정을 책임질 수 있는 권한이 존재했습니다. 물론 상업적인 이유로 얼마만큼의 일을 하고 어떤 종류, 어떤 서비스를 가진 상품을 생산할지를 결정하는 것은 경영자의 몫이었지만요.

점차 시간이 흘러 산업 기술이 더 넓은 범위로 대규모로 확산되고 날이 갈수록 생산 과정이 더욱 전문화되면서 산업 기술 수준이 높아집니다. 이에 따라 산업 기술자에게 더 높은 숙련도가 요구되며, 또한 산업 기술자의 전문성에 대한 의존도 날로 높아집니다. 그러나 동시에 경영자들이 기술적 문제에서 멀어져 기술적 지식이 날로 낮아지면서, 경영자들이 기술 전문가에게 전적으로 의존하지 않으려는 경향은 높아집니다. 경영자들에게 기술자들은 돈을 버는 데 필수적인 존재이지만, 어느 정도까지 그들이 필요한지에 대해 항상 판단을 내리지 못하고 우물쭈물하게 됩니다. 그들의 의견을 어디까지 수용할지, 그들을 몇 명이나 고용할지, 그들의 의견에 따라 기술적 투자를 하는 것보다 마케팅 비용에 더 많이 투자하는 것이 영리 활동에 더욱 도움이 되지 않을지를 재고 따지게 됩니다. 그동안 기술 전문가들의 의견은 최종 결정자의 책상 위에 미결재 서류로 쌓이게 됩니다. 그리고 그 망설임의 결과, 생산 재료들은 비경제적으로 사용되고 생산 도구와 인력이 낭비됩니다. 이렇게 인류의 공동 자산인 '생산 기술의 상태'는 더 이상 발전하기 어려워집니다.

고전 경제학자들이나 신고전파 경제학자들은 시장을 마치 하나의 사물처럼 바라보면서 시장 안에 작동하는 경제 원리가 사물 안에 작동하는 물리적 법칙처럼 고정되고 영원한 것이라는 믿음을 가지고 있습니다. 시장 경제 안에서 수요와 공급의 원리가 가격을 결정하고, 기업의 생산 과정이 통제되고, 소비자의 소비 행위도 통제된다고 보지요. 그리고 이러한 시장의 원리는 이 지구상에 시장이 존재하는 한 변치 않는다고 봅니다. 이러한 주장은 시장이 어느 시대에나 독자성을 띠고 움직이는 경제의 장이며 경제 활동의 기본적인 원리는 변하지 않는다는 믿음을 보여 줍니다.

그러나 인간의 경제 활동은 그 사회를 지배하는 제도의 영향을 받아 왔습니다. 원시 사회에서부터 오늘날까지 유한계급 제도 아래에서의 경제 활동은, 소수 특권적인 유한계급의 과시적인 소비와 그것을 좇아 하는 다른 계층의 소비 행위를 중심으로 이루어졌습니다. 그 안에서 원시적 경제 활동이 약탈적인 활동으로, 농업 경제에서 수공업 경제를 거쳐 현대적 산업 경제 체제로 변화를 겪어 왔습니다. 이러한 경제 체제의 변화 과정은 '산업 기술 상태의 발전'과 함께했습니다.

유한계급의 과시적 행위가 발전적인 역할을 한 경우도 있습니다. 원시 시대 사냥꾼은 예측하기 어려운 존재와 상황에 대해 스스로의 지략으로 계획을 세워 자기 목적에 맞게 제압하거나 사로잡는 능력을 발휘했습니다. 이러한 능력이 '제작 본능'입니다. 이것은 주어진 상황을 수동적으로 받아들이지 않고 능동적으로 개척하고 대처하는 능력과 연관됩니다. 이것이 인간과 제도를 진화시키는 원동력이 될 수 있었습니다. 오랜 기간 동안 유한계급은 스스로 '제작 본능'을 발휘하는 계급으로 인정받고 존경의 대상이 되어 왔습니다.

그러나 생산적 활동을 면제받은 유한계급은 점차 제작 본능을 낭비적이고 소비적인 특성과 맞바꾸게 됩니다. 생산적인 일에 대해 무능한 유한계급은, 자본주의 사회 이전까지는 생산 활동에 전혀 관여하지 않고 그 이익만 취했을 뿐입니다. 그러던 유한계급이 오늘날에는 생산 활동에 대해 전문적인 지식을 갖추지 못했음에도 불구하고 자신의 영리 추구를 위해 생산 활동을 오히려 방해하고 있습니다.

유한계급이 사회의 지배력을 아무리 강화한다 해도 사회 제도의 발전은 해당 사회의 생산력 향상과 함께할 수밖에 없습니다. 각 단계의 사회마다 생산력의 상태는 변화해 왔고, 이것을 가로막는 비생산적인 계급은 몰락할 수밖에 없었습니다. 따라서 유한계급 제도가 사회의 생산력 발전과 격렬하게 대립하는 시기가 오면 유한계급 제도는 다른 제도로의 변화를 모색할 수밖에 없습니다. 이렇게 제도는 변하고 그 제도의 영향으로 경제 활동도 다른 성격을 띠게 될 것입니다.

오늘날 산업 체계는 여러 가지 다양하게 연관된 기계 과정을 포괄하는 조직 체계입니다.

이것 봐! 물건이 얼마 없으면 비싼 값에 팔 수 있다니까!!

단지 영리 추구를 위해 기업가는 결국 생산 활동을 방해하게 되지요.

상품이 너무 많잖아. 수를 줄여야겠어. 너희들 해고!

문제는 생산력이 없는 기업가에게 생산 활동을 통제할 수 있는 힘이 있다는 것이지요.

현대의 기업가에게 상품 생산보다 더 중요한 것은 눈에 보이지 않는 자산이에요.

GL제품은 무조건 믿고 살 수 있다니까!

이런 물건을 이 가격에 사라고? 물건도 없으면서….

유한계급이 부를 누릴 수 있었던 것은 생산력의 향상이 있었기 때문이랍니다.

원시 사회부터 굳건하게 자리를 지켜 왔던 유한계급은 사회의 생산력 발전에 따라 그 위치를 위협받게 됩니다. 그렇다면 미래의 경제 활동은 어떤 모습으로 변해 갈까요?

생산력 발전

"부자에 대한 선망,
소외당하는 다수의 주인공들"

현대 사회에는 끊임없이 소비하고 낭비하면서도 풍요로움을 느끼지 못하는 사람들로 가득합니다. 가장 비싼 자동차, 가장 비싼 옷으로 치장하고 가장 비싼 자동차를 타고 다녀도, 내가 가진 것보다 더 값비싼 것이 있을 것이라는 불안감에 시달리지요. 소비하고 또 소비해도 나에게 부족한 그 무엇만 자꾸만 떠오르는 현대인의 이 불안감은 어디서 오는 것일까요?

나는 우리가 '나의 필요를 충족시키기 위해서'가 아니라 '남들과 다른 자신을 과시하기 위해서' 소비 행위를 하기 때문이라고 답합니다. 다른 누구도 쉽게 갖지 못하는 값비싼 상품을 소비함으로써 자신의 명예를 과시했던 소수 상류층의 과시 소비라는 소비 행위가 모든 계층에 규범처럼 퍼져 있다는 것이지요.

과시 소비를 따라 하는 사람들의 심리 이면에는 부자들에 대한 부러움과 존경심이 있습니다. 부유한 자들, 기업가들, 자본가들, 상류층들이 가지고 있는 과시적인 여유로움이 바로 그들을 상징하기에 그것을 따라 하고 싶어 하는 것입니다.

여러분에게 묻겠습니다.

"과연 부자란 존경할 만한 사람들일까요?"

내가 내리는 결론은 "부자들이란 야만적인 약탈에 능숙한 자들이며 그들의 부의 축적은 사회 발전과 아무런 관계가 없다"입니다.

부자들, 자본주의 사회에서 성공한 자본가들이 부를 축적하는 과정은 전혀 공정하지 않았고, 오히려 약탈과 독점, 정치와의 결탁으로 이루어졌다는 것이 나의 생각입니다. 내가 성장하고 경제학자로 활동했던 19세기 말 20세기 초의 미국의 대자본가들이 바로 그토록 약탈적인 독점을 통해 부를 키웠으니까요. 내가 살았던 19세기 말 20세기 초의 미국에서뿐만 아니라 오늘날 현대 사회에서 사회 발전과 무관하게 이기적으로 부를 축적하는 부자들의 행위는 도처에서 확인할 수 있습니다. "자본가란 합리적으로 자기 이익을 추구하는 존재이며, 그가 이익을 추구하는 과정은 자연스럽게 사회 발전에 기여한다"는 경제학자들의 견해와 달리, 우리는 소수의 부자들은 더욱 부유해지고 나머지 사람들은 더욱 가난해지는 양극화의 사회를 살아가고 있습니다.

그런데 문제는, 가난한 자들은 가난의 원인을 합리적으로 분석하기보다는 부자들의 행위를 비이성적으로 따라 하며 그들과 비슷해지려고 한다는 점입니다. 사치품을 사들이며 자신의 부를 과시하는 부자들의 비합리적인 행위는 어느새 선망의 대상이 됩니다. 매달 200만

원의 소득을 올리는 회사원이 두 달 치 월급에 달하는 명품 백을 할부로 사고, 일년을 벌어도 갚기 힘든 고급 차를 구입하는 것입니다. 명품 백이나 고급 자동차가 그만큼의 실질적인 가치를 가지는 것이 아니라, 이들이 부자의 행위를 모방하면서 허구적인 가치를 추구하는 것이지요.

이렇게 부자들을 뼛속까지 부러워하는 심리는 부자들의 야만적인 부의 축적마저 합리화하는 결과를 초래합니다. 부를 축적하는 과정이 어떠했든지, 부자란 사회적으로 성공한 사람으로서 선망의 대상이 되고 존경의 대상이 됩니다. 동시에 약탈적인 부의 축적 행위는 힘이 있다는 증거가 되어 그 역시 사람들의 심리적 옹호를 받게 됩니다. 그에 따라 부자가 아니라는 것은 실패를 의미하며 떳떳하지 못한 상태로 여겨집니다.

이러한 부자에 대한 비합리적인 숭배는 열심히 생산에 종사한 수많은 노동자들을, 과거의 농민들을, 기술자들을, 전문가들을 부끄럽게 여기는 결과를 초래합니다. 인간 사회는 노동을 시작했던 미개한 사회에서부터 오늘날에 이르기까지 생산을 담당했던 사회의 주인공을 천시하는 잘못된 역사를 가지고 있습니다. 생산을 전담했던 노예를 물건 취급했던 미개한 시대에도, 생산 활동의 유일한 담당자인 농민을 천시했던 중세 사회에서도, 이들은 사회를 지탱하는 중요한 생산 주체였습니다.

오늘날에도 마찬가지입니다. 생산 활동의 주체인 노동자, 기술자, 전문가들은 기업가에 의해 조종되는 존재로 여겨질 뿐 사회적인 존경의 대상이 아닙니다. 여전히 사회적으로 존경받는 이들은 부를 축적한 기업가들, 부자들입니다. 각종 로비와 불법적인 탈세 행위, 부당한 해고 등 기업의 비도덕적인 부의 축적 과정을 지켜보면서도 부자는 여전히 사회에서 존경받는 위치에 있습니다. 많은 사람들이 부자를 비판하기보다는 그를 따라 하고 그와 같은 위치에 서고 싶어 합니다. 스스로의 처지를 비하하면서 말이지요.

그런 의미에서 여전히 우리는 야만적인 시대를 살아가고 있는지도 모르겠습니다. 다수의 생산의 주체들이 소수 부자의 비도덕성에 분노하지 못하고, 비판하지 못하고, 견제하지 못하고 있으니까요.

나는 당대의 주류 경제학자들과 달리 사회를 지배하는 상류층의 비합리적 면모를 파헤쳤습니다. 상류층의 경제적 지배력뿐만 아니라 사회 심리적 지배력까지 치밀하게 분석함으로써 어떻게 해서 그토록 비합리적이고 야만적인 상류층이 사회적 지배력을 행사할 수 있는지 밝혀 냈습니다. 이것이 상류층의 합리성을 변호했던 다른 주류 경제학자들과 나의 다른 점으로, 나는 우리 사회를 주류 관점에서 벗어나 비판적으로 분석해 왔습니다. 우리에게 남은 과제는 우리 스스로 젖어 있는 상류층에 대한 망상에서 벗어나 사회를 비판적으로 마주할 줄 아는 태도를 갖추는 것입니다.

2008년도 수능 9월 모의 평가 2번

그림은 학생들이 '비합리적인 소비 유형'에 대해 작성한 수행 평가 보고서의 일부이다. 이에 대한 진술로 가장 타당한 것은? [2점]

연구자	갑	을	병
연구 주제	A	과시 소비	과소비
가설	광고를 많이 접하는 상품의 선호도가 높다.	B	신용 카드의 소지 여부는 개인의 소비 규모에 영향을 미친다.
조사 대상	우리 학교 학생	백화점 방문객	직장인
질문 내용	소비의 결정에 있어 광고나 타인의 의견을 따르는 정도는?	C	D

① A의 경우 기업 마케팅의 중요성이 낮다.

② A의 대표적인 사례로는 사재기를 들 수 있다.

③ B에는 '자신에 대한 다른 사람들의 평가가 소비의 결정에 있어 중요한 요인이다'라는 가설이 적합하다.

④ C에는 '물건 구입 시 가격 상승으로 인한 투기적 이익을 고려하는 정도는?'이라는 질문이 적합하다.

⑤ D에는 '신용 카드 결제일은?'이라는 질문이 적합하다.

다음 뉴스에 나타난 소비 현상에 대한 옳은 설명을 〈보기〉에서 모두 고른 것은? [2점]

> 보통 사람과 다르게 보이고 싶다는 욕망이 고가 명품에 대한 소비를 부추기고 있습니다. ○○백화점의 한 관계자에 의하면 "일부 부유층 사람들은 다른 것은 참을 수 있지만 친구가 자신보다 더 비싼 명품을 가진 것은 못 참는다"고 합니다. 고가 명품 업체들은 이러한 심리를 이용하여 가격 올리기 경쟁을 벌이고 있습니다.

〈보기〉

> ㄱ. 빈부 격차를 심화시킨다.
> ㄴ. 투기적 이익을 목적으로 한다.
> ㄷ. 수요 법칙으로 설명하기 어렵다.
> ㄹ. 가짜 상표 상품이 확산되는 원인이 된다.

① ㄱ, ㄴ   ② ㄴ, ㄷ   ③ ㄷ, ㄹ

④ ㄱ, ㄴ, ㄹ   ⑤ ㄱ, ㄷ, ㄹ

다음의 밑줄 친 현상과 관련되지 않은 것은? [2점]

> 시장에서 '경쟁'은 자원을 효율적으로 배분하는 중요한 원동력이다. 즉, 시장은 생산자 간, 소비자 간의 경쟁을 통하여 희소한 자원을 가장 낮은 비용으로 가장 필요한 사람에게 배분한다. 그러나 시장이 항상 이렇게 바람직한 기능을 제대로 수행하는 것은 아니다. 때로는 시장의 외부적 환경 요인이나 재화의 특성 등으로 인해 <u>시장의 자원을 효율적으로 배분하지 못하는 경우</u>가 발생한다.

① ○○공장의 폐수 방류로 강물이 오염되었다.

② 이라크 전쟁으로 인하여 휘발유값이 폭등하였다.

③ 무더위를 피해 계곡에 몰린 피서객들이 쓰레기를 많이 버렸다.

④ 대형 정유사들이 휘발유의 공급 가격을 적정선으로 인상하는 데 합의하였다.

⑤ ○○시가 가로등 설치를 주민 자율에 맡기자 가로등이 충분히 설치되지 않았다.

2008년도 수능 9월 모의 평가 2번 답 ③

갑이 연구하는 소비 행태는 다른 사람들의 구매를 무조건 따라 하는 부화뇌동 효과입니다. 을은 다른 사람에게 자신의 소비를 과시하고 싶어 하는 과시 효과, 병이 연구하는 과소비는 자신의 물질적 욕구를 충족시키기 위해 소비하는 유형입니다. 따라서 정답은 ③번으로, 타인의 평가나 시선이 자신의 소비에 영향을 미치는지를 묻는 질문이 적당합니다. A의 경우 타인의 소비에 영향을 많이 받는 행태이기 때문에 기업의 마케팅은 상당히 주요한 요소가 됩니다. ②번 문항의 사재기는 물건값이 오를 것에 대비해 필요 이상으로 사 두는 현상으로, 위에 제시된 연구와는 무관합니다. 또한 과소비의 경우 결제일에 대한 질문보다는 과다하게 지출된 항목이 존재함을 유추할 수 있도록 신용 카드 내역이나 금액에 대한 질문이 적당합니다.

2008년도 수능 6월 모의 평가 13번 답 ③

일반적으로 수요는 가격이 증가할수록 줄어듭니다. 하지만 과시 소비는 이러한 수요 법칙과는 반대로, 가격이 오를수록 오히려 수요량이 증가하는 특이한 형태를 보입니다. 이러한 과시 소비 풍토가 사회 전반에 만연하면, 명품 브랜드의 상표권을 무단으로 도용하는 등의 폐해가 발생합니다. 또한 과시 소비는 저소득층의 상대적인 박탈감을 심화시켜 사회 구성원의 통합을 저해할 수도 있습니다. 하지만 과시 소비로 인해 빈부 격차가 심해진다고 단정 짓긴 어렵습니다. 또한 과시 소비는 투기적 이익이 아니라 남들에게 보여 주는 과시를 목적으로 하는 소비 행태입니다.

2007년도 수능 9월 모의 평가 3번 답 ②

밑줄 친 부분은 시장의 실패를 의미하는 말입니다. 애덤 스미스는 "자기 이익의 추구가 사회 전체의 이익을 낳는다"고 주장하면서 자유 경쟁 시장하에서 사회의 자원이 골고루 배분될 수 있다고 보았습니다. 하지만 현실에서는 독과점이나 외부적 요인에 따라 시장이 자원을 골고루 배분하지 못하게 되는데, 이것이 바로 시장의 실패입니다. 제시된 문항 중 ②번은 오일 쇼크에 의한 스태그플레이션으로 이는 정부 실패에 해당합니다. ① 외부 불경제로 과다 생산되어 환경 오염이 심각해지는 것, ③ 공유지를 아무도 돌보지 않아 나타나는 폐해, ④ 기업의 독과점 현상, ⑤ 무임 승차로 인해 공공재가 부족해지는 것은 모두 시장 실패에 해당합니다.

○ 찾아보기

경제학자가 들려주는 경제 이야기 15

왜 사람들은 명품을 살까?
— 베블런이 들려주는 과시 소비 이야기

© 김현주, 2012

초판 1쇄 발행일 2012년 12월 26일
초판 4쇄 발행일 2023년 7월 1일

지은이   김현주
그린이   윤병철
펴낸이   정은영

펴낸곳   (주)자음과모음
출판등록   2001년 11월 28일 제2001-000259호
주소   10881 경기도 파주시 회동길 325-20
전화   편집부 02) 324-2347 경영지원부 02) 325-6047
팩스   편집부 02) 324-2348 경영지원부 02) 2648-1311
이메일   jamoteen@jamobook.com

ISBN 978-89-544-2566-7 (44300)

철학자가 들려주는 철학 이야기 (전 100권)

서정욱 외 지음

아이들의 눈높이에 맞춘 철학 동화!
책 읽는 재미와 철학 공부를 자연스럽게 연결한 놀라운 구성!

대부분의 독자들이 어렵게 느끼는 철학을 동화 형식을 이용해 읽기 쉽게 접근한 책이다. 우리의 삶과 세상, 인간관계에 대해 어려서부터 진지하게 느끼고 고민할 수 있도록, 해당 철학 사조와 철학자들의 사상을 최대한 풀어 썼다.

이 시리즈의 가장 큰 장점은 내용과 형식의 조화로, 아이들이 흔히 겪을 수 있는 일상사를 철학 이론으로 해석하고 재미있는 이야기로 담은 것이다. 또한 아이들의 눈높이에 맞는 쉽고 명쾌한 해설인 '철학 돋보기'를 덧붙였으며, 각 권마다 줄거리나 철학자의 사상을 상징적으로 표현한 삽화로 읽는 재미를 더한다. 철학 동화를 이끌어가는 주인공을 형상화하고 내용의 포인트를 상징적으로 표현한 삽화는 아이들의 눈을 즐겁게 만들어준다. 무엇보다 이 시리즈는 철학이 우리 생활 한가운데 들어와 있고, 일상이 곧 철학이라는 사실을 잘 보여준다. 무엇보다 자기 자신을 극복한다는 것, 인간을 사랑한다는 것, 진정한 인간이 된다는 것, 현실과 자기 자신을 긍정한다는 것 등의 의미를 아이들의 시선에서 풀어내고 있다.

수학자가 들려주는 수학 이야기 (전 88권)

차용욱 외 지음

국내 최초 아이들 눈높이에 맞춘 88권짜리 이야기 수학 시리즈! 수학자라는 거인의 어깨 위에서 보다 멀리, 보다 넓게 바라보는 수학의 세계!

수학은 모든 과학의 기본 언어이면서도 수학을 마주하면 어렵다는 생각이 들고 복잡한 공식을 보면 머리까지 지끈지끈 아파온다. 사회적으로 수학의 중요성이 점점 강조되고 있는 시점이지만 수학만을 단독으로, 세부적으로 다룬 시리즈는 그동안 없었다. 그러나 사회에 적응하려면 반드시 깨우쳐야만 하는 수학을 좀 더 재미있고 부담 없이 배울 수 있도록 기획된 도서가 바로 〈수학자가 들려주는 수학 이야기〉 시리즈이다.

★ 무조건적인 공식 암기, 단순한 계산은 이제 가라! ★

- 〈수학자가 들려주는 수학이야기〉는 수학자들이 자신들의 수학 이론과, 그에 대한 역사적인 배경, 재미있는 에피소드 등을 전해 준다.
- 교실 안에서뿐만 아니라 교실 밖에서도, 배우고 체험할 수 있는 생활 속 수학을 발견할 수 있다.
- 책 속에서 위대한 수학자들을 직접 만나면서, 수학자와 수학 이론을 좀 더 가깝고 친근하게 느낄 수 있다.

개정판 + 신판

과학자가 들려주는 과학 이야기 (전 130권)

정완상 외 지음

위대한 과학자들이 한국에 착륙했다!
어려운 이론이 쏙쏙 이해되는 신기한 과학수업,
〈과학자가 들려주는 과학 이야기〉 개정판과 신간 출시!

〈과학자가 들려주는 과학 이야기〉 시리즈는 어렵게만 느껴졌던 위대한 과학 이론을 최고의 과학자를 통해 쉽게 배울 수 있도록 했다. 또한 지적 호기심을 자극하는 흥미로운 실험과 이를 설명하는 이론들을 초등학교, 중학교 학생들의 눈높이에 맞춰 알기 쉽게 설명한 과학 이야기책이다.
특히 추가로 구성한 101~130권에는 청소년들이 좋아하는 동물 행동, 공룡, 식물, 인체 이야기와 최신 이론인 나노 기술, 뇌 과학 이야기 등을 넣어 교육 과정에서 배우고 있는 과학 분야뿐 아니라 최근의 과학 이론에 이르기까지 두루 배울 수 있도록 구성되어 있다.

★ 개정신판 이런 점이 달라졌다!★

첫째, 기존의 책을 다시 한 번 재정리하여 독자들이 더 쉽게 이해할 수 있게 만들었다.
둘째, 각 수업마다 '만화로 본문 보기'를 두어 각 수업에서 배운 내용을 한 번 더 쉽게 정리하였다.
셋째, 꼭 알아야 할 어려운 용어는 '과학자의 비밀노트'에서 보충 설명하여 독자들의 이해를 도왔다.
넷째, '과학자 소개·과학 연대표·체크, 핵심과학·이슈, 현대 과학·찾아보기'로 구성된 부록을 제공하여 본문 주제와 관련한 다양한 지식을 습득할 수 있도록 하였다.
다섯째, 더욱 세련된 디자인과 일러스트로 독자들이 읽기 편하도록 만들었다.